シャキッ!

ON!

つい怠ける自分を「科学的に」動かす方法

冨山真由　行動習慣コンサルタント®

すばる舎

まえがき

「家にいると、ついダラダラしてしまう」
「人の目がないと、やる気が起きない〜」
「まあ、後で集中してやれば大丈夫でしょ」

リモートワークが普及して、家で仕事をする機会が増えたものの、ついだらけていませんか？

ゴロゴロしたり、動画を楽しんだり、深酒したり、漫画を読んだり……。
〝人が見ていない〟から、やりたい放題。
もちろん、あなたはわかっているはずです。

「そんなことじゃダメだ！　しっかり自分を管理しなきゃ！」
「ダラダラ禁止！　シャキッとした生活が一番！」

でも、ついつい……。そう、「頭では、もっとちゃんとしなくては、とわかっているけど、どうしても怠けてしまう」というのが問題なんですよね。

そこで今度は、自分のふがいなさに情けなくなり、自己肯定感もドンドン下がる一方。

会社で仕事をしているときは、もっと真面目に働いていたのに……と。

でも、自分を責める必要はありません！

誰しも、人の目がなければダラけてしまう、怠けてしまうもの。それが人間の行動原理というものです。

だから「シャキッとしようと思っても、できない」のは、当たり前。

そこで、ご紹介したいのが「行動科学マネジメント」です。

行動分析学・行動心理学を基にした、アメリカのビジネス界や教育界などで成果を挙げているマネジメント手法を、日本人に合った形にアレンジしたメソッドです。
日本でも大企業から中小企業までさまざまな業種業態のビジネスマネジメントとして、また教育の分野などでも、多くの団体、組織が導入しているほか、セルフマネジメントとしての実績も豊富です。

その名の通り、行動科学マネジメントが着目するのは、人の「行動」そのもの。
精神論や道徳論で人の「内面」を変えようとしても簡単なことではありませんよね。
でも、行動を変えることは、実は難しいことではないんです。

- **望ましい行動を〝増やす〟工夫をする**
- **望ましくない行動を〝減らす〟工夫をする**

とても簡単に言ってしまえば、これが行動を変えるための作業。そこには意志や性格

は関係ありません。
そして、行動を増やす・減らす工夫のポイントも、とてもシンプルです。

・まず、小さな行動のステップにする
・その行動を増やしたいなら、メリットを与える
・その行動を減らしたいなら、デメリットを与える

これだけです。

シンプルとはいえ、これは行動分析学、行動心理学の長年にわたる研究がベースになっている科学的な方法ですから、再現性があり、誰にでも当てはまります。

この本で紹介する工夫（メソッド）で、シャキッとするための行動を増やす、ダラダラと怠けてしまう原因の行動を減らすのです。

1章では、リモートワークなど「一人で仕事をする」際に、最も大切な時間の管理「タイムマネジメント」での工夫をお話しします。規則正しく、効率的にタスクをこなして**「メリハリのある生活」を実現しましょう。**

2章では、自分のやりたいことをやり、比較的ラクに目標達成できる「セルフマネジメント」の工夫を紹介します。タイムマネジメントでつくることができた**「自分の時間」**を、有効に使いましょう。

3章では、さまざまなストレスから解放されるための**「ストレスマネジメント」**について触れます。感情に振り回されず、気持ちよく生活する……これもポイントは「行動」

のコントロールです。

4章は、在宅勤務ではこれが必要！　な「家庭内マネジメント」について。たとえば共働き夫婦が2人とも在宅勤務ともなれば、これまでにはなかったようなトラブルも。**「相手を上手に動かす」**ことも大事ですよ。

5章では、とくにリーダー、マネジャーのための**「職場コミュニケーション」**のお話をします。リモートワークで、どうしたらチームメンバーを〝シャキッ〟に導けるのか？　さまざまなビジネスマネジメント手法を紹介します。

「周りに人がいないと〝シャキッ〟とできない」
「ずっと人に管理されているほうが、ダラダラしないで仕事ができた」

……そんなのもったいない！

せっかく訪れた〝新しい働き方〟のチャンス。
行動を変えて、「新しい習慣」「新しい自分」を手に入れ、
毎日を充実させましょう!

二〇二一年四月吉日

冨山真由

目次

2章

家でも仕事がグングンはかどる！

「ダラダラ癖」から脱出する

3章

適度に休息を取ろう!

ストレスをためない行動ルール

4章 コレで家族が協力してくれる！

家事が減り、気分良く過ごせる

5章

チームが活気づく！ コミュニケーションの取り方

装丁　喜來詩織〈エントツ〉
カバーイラスト　坂本彩
本文デザイン・イラスト　草田みかん
編集協力　中西謡

1
章

まずは、ココから！

朝が変わる！「時間の使い方」

1 爽快に目覚めるために

× 好きな時間に起きる

○ 同じ時間に起きる

シャキッ!

目覚めのリズムをつくれる!

同じ時間に起きよう！

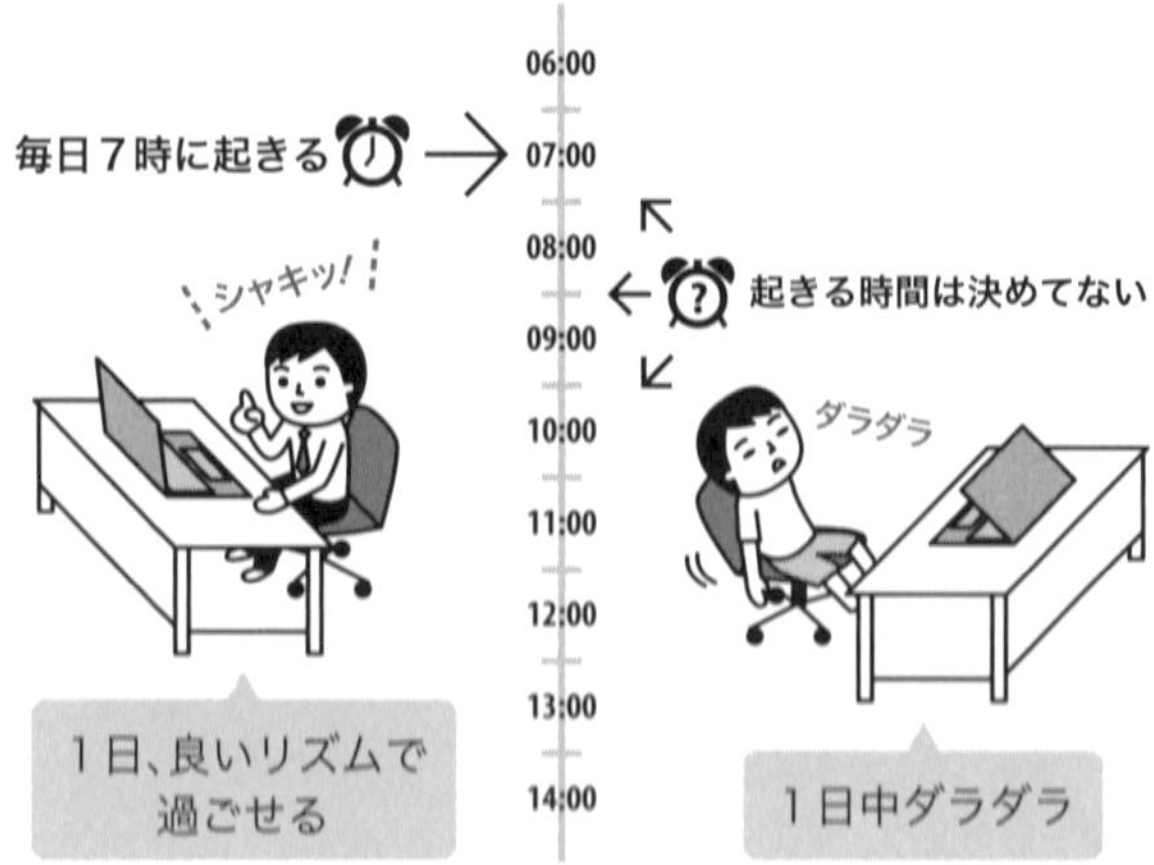

在宅でのリモートワーク。〝通勤して定時までに出社〟という**ルーティーンの行動がなくなったことで、起床の時間が日によってまちまち、という人も多いようです。**

これまでは出社時間（職場への到着時間）から逆算して起床していたけれど、出社というルーティーンがなくなったから、起床時間まで変えてしまう……。「出社」「リモート」の違いはあれども、仕事としてやらなければならない業務は一緒なのにもかかわらず、です。

その結果、仕事のパフォーマンスが落ちたり、生活のリズムそのものが乱れ、やがて体調にまで影響が及んでしまうことも。
「毎日同じ時間に起きる」ことは、仕事の面でも健康の面でも、とても大切なことです。日々の予定がどうであろうと、**まずは「毎日、同じ時間に目覚ましをセットして起床」してみましょう。**

当たり前のことと思われるかもしれませんが、これが1日のタイムマネジメントの第1歩。「出社時間が定められている」ということで、ある意味、他人に管理されていた「1日の始まり」＝「起床時間」を、自分自身で管理するわけです。

ルーティーンを繰り返し、生活のリズムを崩さない！　そのためには「意志」の力に頼らずに、**〝目覚ましを定時にセット〟**という簡単な行動で、体に目覚めのリズムを刻み込んでしまいましょう。

これがPoint!

毎朝起きる時間は一定に！
目覚まし時計を毎晩セットする

2

1日をムダにしないために

× 「その日にやること」を考える

○ 「その日にやること」を紙に書き出す

シャキッ!

見える化で、業務スピードも上がる

「周りに誰もいない」

「その場で〝ああしろ、こうしろ〟と言われない」

「何をしていようが、何も言われない」


こんな状況では、1日の仕事をスタートさせるにも、何となく気持ちが入らず、ダラダラしてしまうという人もいるでしょう。

そんな人は、まずは朝、その日1日にやることを目で「見て」から行動しましょう。

「やることの見える化」＝**「TODOリスト」づくりを仕事のスタートにするのです。**

もちろんこれは業務開始前に行ってもかまいません。要は、1日の行動を行き当たりばったりのものにせず、自分の計画に従ったものにするための作業です。


TODOリストは、細かいもの、きっちりまとめられたものでなくてもかまいません。

大事なのは、このTODOリストづくりを「仕事始めの作業」としてルーティーン化させるということ。ダラダラと行わず、**5分以内で終わらせるというルール**にしましょう。
私がお勧めするＴＯＤＯリストのつくり方は、次のようなものです。

・その日に行う予定のＤＯ（業務）を期限が近いものから順番に書き出す
・書き出したＤＯを○（必ずその日のうちに行うもの）と、
×（その日のうちではなくても大丈夫なもの）に分ける

たったこれだけです。「その日にやること」を頭の中で考えているだけでは、人はどうしても「やれそうなこと」を優先してしまいます。たとえそれがその日のうちにやらなくてもいいことであったとしても、です。

だから、まずは期限が近いものから順番に書き出し、今日中に「やること」を絞り込みます。

TO DO リストの作成法

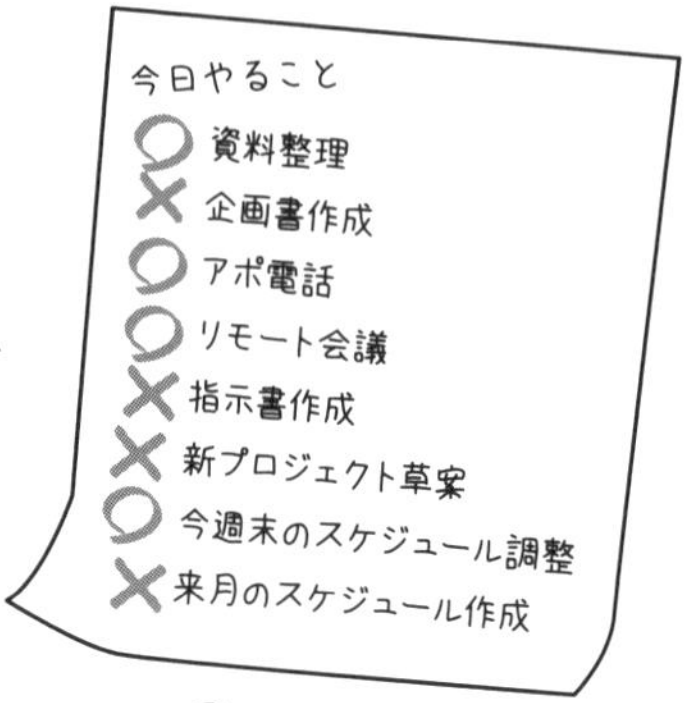

ステップ 1　その日の業務を全て書き出す

ステップ 2　その中から、その日にやるべきものに ○　その日でなくてもいい業務に ×

忙しく、業務をたくさん抱えている人は、DOに×をつけるということが重要になります。**「やらなくていいことはやらない」というのは、効率化の基本ですからね。**

TODOリストでその日にやることが決まったら、今度はそれらを1日のスケジュールに落とし込みます（この作業は3分程度で）。

スケジュール帳、PC、スマートフォンのスケジュールアプリ等、書くものは何でもかまいません。

まず1日を「午前」「午後前半」「午後

後半」と3分割し、その日のDOを割り振ります。これで「いつ、何をやるか?」を明確にします。

「人（上司などの管理者）に何も言われない」環境では、どの仕事を、どの順番で行うかを決めるのはもちろん自分。効率よく仕事をするために、毎朝始業時のTODOリストづくりとスケジュール決定を続け、習慣にしてしまいましょう。

これがPoint!

TODOリストづくりを「仕事始めの作業」としてルーティーン化する

3

毎朝、気分良く、目覚めるために

× 目覚まし音を大きくする

○ 部屋に「太陽の光」を入れる

シャキッ!

セロトニンが分泌され、脳が活性化する!

「さあ、1日の始まり！　今日もやるぞ！」

なんて、目が覚めた瞬間から、やる気まんまんになるのは難しいもの。

眠気を引きずったままダラダラと起きられないという人も多いものです。

気持ち良く目覚めて、**快適な気分で1日のスタートを切るには、「太陽の光」を浴びることがお勧めです。**

人は太陽光を浴びることで、脳内の神経伝達物質であるセロトニンが分泌されます。セロトニンは脳を活発に働かせ、ストレスにも効果があることで知られているものです。行動認知療法、うつ病の治療法としても、この「太陽の光を浴びる」という手法は広く知られています。

「朝は太陽の光とともに目覚める」ということが、その日1日の仕事のパフォーマンス、ひいては健康な心身づくりに効果絶大なんですね。

やり方は簡単。**朝、起きる時間（目覚ましをセットした時間）に、部屋に太陽の光が入っているようにすればいいだけです。**

遮光カーテンを使っている人は、レース内側にレースのカーテンを取り付け、**就寝の際に遮光カーテンを少しだけ開けておく**。それだけでいいのです。

また、別に外が晴天でなくてもかまいません。曇りの日や雨の日でも、外の〝光の具合〟を体で受けることができればOKです。

自分の脳が「さあ、朝だ！」と認識することで、1日を活動的に過ごす準備が整います。

ちなみにPCやスマホが発する光（ブルーライト）は、日光の紫外線と同じようなものです。この光を見ているときは、体も活動モードに。だから、夜寝る前にスマホを見ていると、良質な睡眠が取れないんですね。

寝る前のスマホはNG、にしましょう。

これがPoint!

気分良く仕事をスタートさせるために太陽の光を浴びよう

4

自宅で仕事をするときは

× 部屋着のまま

○ 仕事の服に着替える

シャキッ!

仕事モードに切り替わり、スイッチが入る

人の目がなくても、身なりはしっかりと！

リモートワークでは、朝起きて、そのままの格好で仕事に取りかかることももちろん可能でしょう。

でも、それでは**「仕事モードへの切り替え」＝「仕事のスイッチを入れること」が難しいものです。**

だから「なかなかやる気にならない」「どうもダラダラしてしまう」ということになってしまう。そんな人も多いのでは？

「さあ、朝だ！　活動の始まりだ！」とスイッチを入れるために、毎朝同じ時間に起きて、太陽の光を浴びる。

それと同様に、「さあ、仕事開始だ！」

とスイッチを入れるためには、ルーティーン、習慣の力を利用しましょう。

まずは仕事用の服を決めておきます。出勤時と同じものである必要はありませんが「仕事のときはこの服」というものを用意しましょう。そして、毎日それに着替える！

まず身なりを整えます。男性であれば髭をそり、女性であればメイクをします。

これまでの通勤生活で染みついた「出かける際の身支度で仕事モードに切り替わる」というリズムを無くさないようにしましょう。

1カ月ほどこのルーティーンを続けて、それが習慣化されてしまえば、何も難しいことではありません。**自宅勤務でも「朝の身支度」を欠かさないようにしましょう。**

これがPoint!

自宅での仕事でも身なりを整えて「人前モード」で！

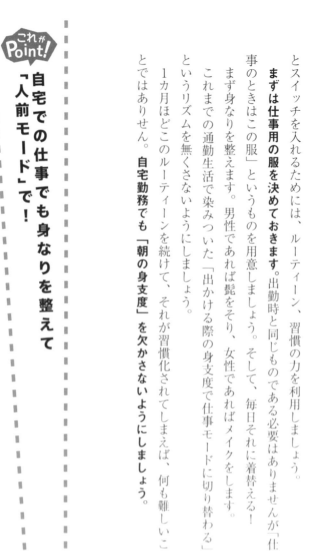

5

簡単に
やる気が出る方法

× 「そろそろ始めようかな」と考える

○ 「よし！　始めよう」と声に出す

シャキッ！

「言語プロンプト」という
行動を強化する手法！

この本で紹介しているマネジメントスキルの基となっている**「行動科学マネジメント」は、意志や精神論に頼らないマネジメントです。**

たとえば職場でのマネジメントにおいて、リーダーがメンバーに「君はもっとやる気を出さなきゃダメだ！」「もっと仕事に真剣に取り組め」などと言う場面がよくありますが、**行動科学マネジメントはそうした〝具体的な行動の指示を伴わない〟マネジメントを否定します。**

そもそもどういう状態であれば「やる気が出ている」ことになるの？「真剣に取り組む」って、どういうこと？

まずそれすら明確になっていませんし、何より「やる気を出せ」なんて言われて、それでやる気が出るものではありませんからね。

自宅で仕事を始めるとき……。

「なんだかやる気が出ないなあ」なんてこともあるはず。そんな際に「さあ、やる気を出そう！」と思っても、そんな〝意志頼み〟では、なかなかうまくはいかないものです。

でも、だからといって「ああ～、自分は意志が弱いんだなあ」とか「このだらしない性格がダメなんだな～」とか「やる気が出ないってことは、今の仕事、向いてないんじゃないかな……」なんて落ち込む必要はありませんからね！

「仕事モードへのスイッチを入れる」＝「やる気を出す」ためには、ちゃんと「そのための行動」＝「具体的なやり方」があるんです。

その一つの方法は……**「〝仕事の開始〟を声に出すこと」**。

これだけです。

「さあ、仕事開始──！」

「はい、始めます！」

「よし、やるよ！」

そんな簡単な言葉でＯＫ。

ポイントは「実際に声に出して言う」ということです。心の中で思うだけでは、効果はありません。

要するに、「仕事を始めますよ」という言葉を、自分の声（音）として自分の耳から聴かせて、脳に「仕事開始」ということを認識させるわけです。

これは行動科学でいう**「言語プロンプト」という、自身の行動を強化する手法。**

たとえば出社などをしていれば「おはようございます！」なんて元気に声を出して挨拶をすれば、自然と自分も仕事開始のモードになるはずです。

でも周りに人がいない、一人きりの状況では、挨拶の必要もないですよね。

だから、「自分で自分に声をかける」。自分で自分の脳に指令を与えるわけです。

さあ、あなたの声で、あなた自身の背中を押してあげましょう。

これがPoint!

やる気が出ないときは、「声に出して」自分に言葉をかける！

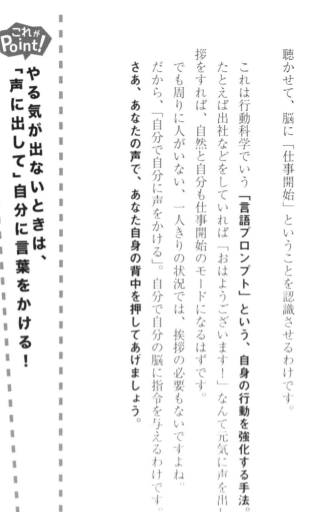

6

仕事の手を止めない 整理のコツは

× 書類整理を完璧にする

○ 仕事で使う物を定位置に置く

シャキッ!

「環境づくり」で、劇的に仕事がはかどる

環境次第で仕事がはかどる

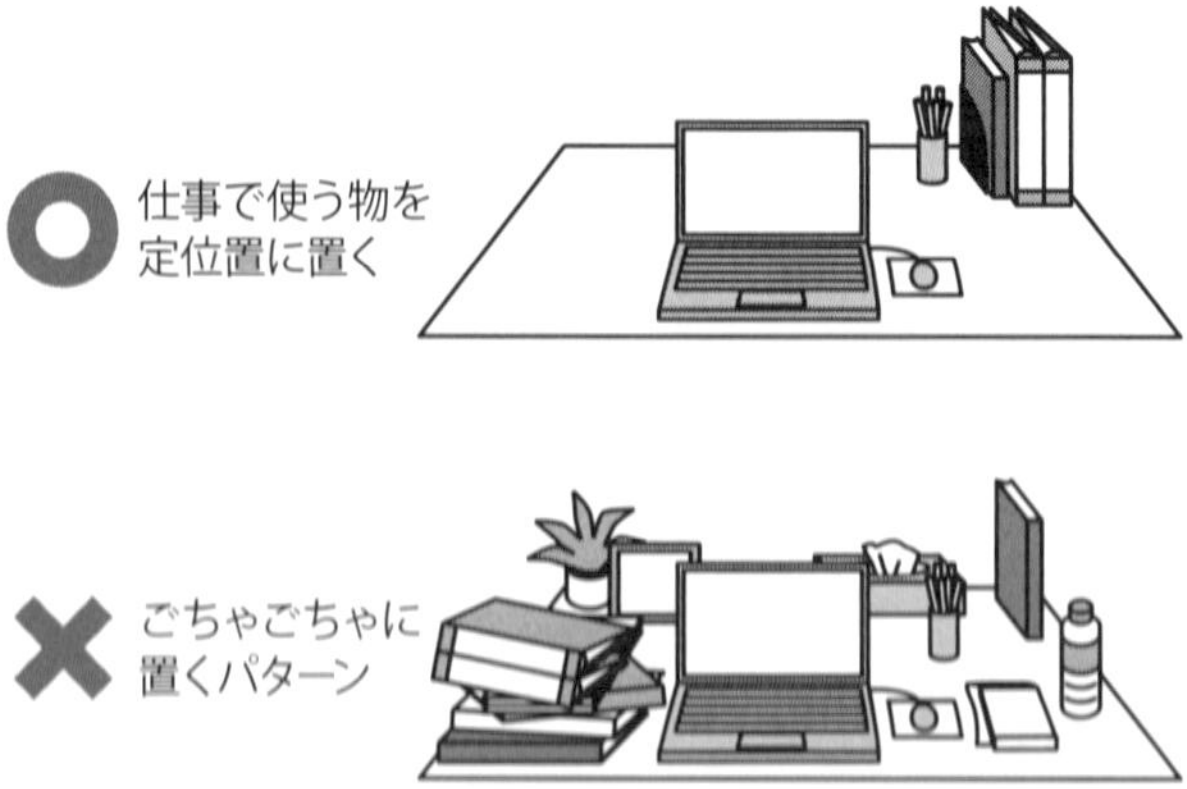

仕事で使う物を
定位置に置く
ごちゃごちゃに
置くパターン

行動科学マネジメントは、望ましい行動を取りやすくするための「環境づくり」をとても重視します。行動のハードルとなるものを排除するわけですね。

たとえば、筋トレを毎日の習慣にしようとする際……。筋トレで使うダンベルを使用後に押し入れの奥にしまっておくことにしたら？　毎日ダンベルを取り出してくる、という手間が面倒になって、トレーニングは続けづらくなるでしょう。

だからこの場合は、**「ダンベルはいつでも手の届くところに出しっぱなしにしておく」ことが正解。**

単純な話ですが、これが「環境づくり」ということです。
効率的に仕事をする際も同様です。スムーズに仕事をするためには、準備や整理で「すぐに仕事ができる」という環境をつくっておくことが重要。

・机の上には仕事に関するものしか置かない
・机の前に座ったら、すぐに仕事を開始できるようにする

そのために、仕事で使うものは「必ず決まった場所に置くようにする」。
これは**「定物定置」という、作業の効率化のためにとても大事なルール**なんです。

「面倒なこと」「行動しづらいこと」は、徹底的に排除！
そのために、まずは机の上の環境づくりを始めましょう。

これがPoint!
机の上には、仕事に関するもののみ置き、「定物定置」を心がける

7

「やり忘れ」を防ぐために

× 「TODOリスト」を緻密にする

○ 付箋にやることを書き足し、見えるところに貼る

シャキッ!

効果的な〝見える化〟の技法!

「あれもやらなきゃ」「これもやらなきゃ」と焦り、何も手につかない。そうしているうちに、大事なこともやり忘れて「しまった！」なんてことになる……。

そんな人も、少なくないはずです。

リモートワークでは、タイムマネジメントはすべて自己管理が基本。

「そういえば、あの件、やっておいてくれた？」なんて確認してくれる人は、そばにはいないのですから。行き当たりばったりで業務をこなすのではなく、仕事にモレがないことを気にしなければなりません。

前述のように「TODOリスト作り」は1日のスタートのルーティーンとしてぜひやってほしいのですが、それでも中には、「TODOリストを作ったら満足した」という人もいるものです。

また、忙しく仕事をしている最中に急に頼まれたことは、「後でやる」と思っているうちに、忘れてしまったり……。

そんな人にお勧めするのが、**「付箋にやることを書く」という方法。**

ありきたりの方法と思われるかもしれませんが、実はこれ、〝仕事の見える化〟の一番シンプルなやり方。

行動科学マネジメントでは〝見える化〟をとても重要視していますが、効率化や生産性向上においても、抜け漏れを防げますし、お勧めすることができます。

ポイントは、**やることを書いた付箋は、必ず目に見えるところに貼っておく**、ということ。

主にPCの仕事が中心、という人であれば、いつでも見えるところといえば、そう、PCのモニターですよね。でも、それではモニターを見る際の邪魔になって、仕事がはかどらないということも……。

そんなときは、「いつでも見える」＝「すぐに目に入る」壁に「付箋を貼るスペース」をつくるのもいいでしょう（「定物定置」のルールですね）。

デスクの半径２Ｍ範囲内に白紙を用意しておいて、その上に付箋を貼っていくので

す。

「○○さんに××の件をメールで確認」「オンラインミーティング用の資料を最終確認」など、やることが書かれた付箋のうち、実行したものには赤いペンで丸印をつけ、終業時には剥がして捨てましょう。

実行できなかったものはそのまま残し、翌朝作るTODOリストにも反映させます。

やることを〝見える化〟することで、日々の「あ！ やり残した。時間外労働になっちゃう……」は激減するはずです。

これもスムーズに行動するための「環境づくり」です。

これがPoint!

付箋を貼るスペースを設けて、A4サイズの紙に付箋を貼っていくのもお勧め

8

締め切りを守るために

× 「締め切り日」を決める

○ 「締め切り日と時間」を決める

シャキッ！

「日時の設定」で、スモールゴールを達成しやすくなる！

〝時間の組み立て〟も〝自分次第〟のリモートワークでは、「締め切り・ゴールの設定」も曖昧なものになりがちです。

たとえば「明日までに提出する資料をつくる」といったタスクを、就業時間内に終わらせようとせず、「今日の夜、頑張ればいいや」なんて考えて、後回しにしてしまったり……。

「後で時間をつくればいい」「残業すればいい」「徹夜で頑張れば済む」なんて感じの「最終的に帳尻（締め切り）さえ合えばいいよ」という働き方が、安定した仕事のペース、さらには生活のペースも乱していきます。

だから、**「タスクの締め切りを具体的にしておく」ということは、タイムマネジメントにおいてとても大切なことです。**

たとえば「明日提出の書類を作成」ではなく、**「明日提出の書類を本日16時までに作成」**にする。

「今週中に企画書を書き上げる」というざっくりとした締め切りではなく、**「今週金曜日の11時にメールで企画書送付」**という行動予定を設定する。

こうして各タスクに細かく「日時」という具体性を持たせ、そこから逆算した「今日、やるべきこと」（TODO）もハッキリするでしょう。

また、「今日中」「今週中」「今月中」などの曖昧な予定では、リーダーを始めとした仕事相手との連携にも誤解が生じやすいものですよね。

当たり前のことですが、お互いの共通認識として持つべきは、まず具体的な日時。常に職場で報告・連絡・相談が瞬時にできるわけではないリモートワーク。齟齬《そご》がないようにしたいものです。

これがPoint!

「締め切り」時間を明確にして生活のペースを守ろう

9

スケジュール通りにはかどったら

× ひと安心して、ゴロンと横になる

○ 自分をねぎらい、成果を目で確認する

シャキッ!

「達成感」「自己効力感」を味わうことで、継続しやすくなる!

40ページで「よし！　始めよう」と声に出すことで仕事のスイッチを入れる「言語プロンプト」のお話をしましたね。

これはぜひ、自分がスケジュール通りに行動できたとき、タスクが完了したときにも使っていただきたいテクニックです。

「よし、企画書完成！」「資料収集済み！」
「○○さんとの打ち合わせ、完了！」
このように、その都度〝いちいち〟声に出すのです。

自分の行動がスケジュール通りにいき、スムーズな仕事ができた……。

これは大げさな言い方かもしれませんが、ちょっとした「成功体験」でもあるわけです。「自分はできた」「自分はできる」という達成感・自己効力感を、「声に出すこと」で脳に知らしめるわけですね。

達成感・自己効力感……実はこれらは、行動科学マネジメントでも非常に重視する「物

目と耳で成果を確認しよう！

1
よし、
企画書完成!
資料収集OK!
スケジュール
完了!

事を継続させるための材料」なんです。

行動を積み重ねて大きなゴールにたどり着くまでには、いくつもの小さなゴールを設定し、それを徐々にクリアしていくことが大事。ひとつの小さなゴールをクリアするたびに感じる「自分はできた」「自分はできる」が、また次のゴールへと行動の後押しをしてくれるわけですね。

だから、マネジメントにおいては、「いかにして達成感・自己効力感をより実感できるか？」を考え、それを実践していくことが必要です。

そのひとつのやり方が、この「言語

プロンプト」＝「声に出す」というもの。

余談ですが、これはセルフマネジメントのみならず、ビジネスでのマネジメントでも同様です。

相手の達成感・自己効力感を上手に満たし、望ましい行動を継続させられるリーダー！マネージャーこそが、メンバーに成果を上げさせることができます。そのための仕組みを考えることも、リーダー・マネージャーの大きな役割です。

話を元に戻しますが、自分一人で仕事をしていても、自分の達成感・自己効力感を満たすコツはいくつも考えられます。

前述の「言語プロンプト」の他にも、**「目」を使った「視覚プロンプト」も。**

これもまったく難しいことではありません。たとえば、1日の行動をスケジュール通りに進めることができたら、**カレンダーに○印をつけるのです。**

要するに「自分はできた」「自分はできる」を、視覚で認識するわけですね。

そう、「うまくできたらシールを貼る」という、子どもの教育方法とまったく同じです。

「いい大人なんだから、そんな子どもっぽいことはやってられないよ」

……なんて思わないで、ぜひ試してみてください。

人間の行動原理は、基本的に大人も子どもも同じ。だから行動科学マネジメントは、ビジネスから教育まで、幅広い分野で認められているのです。


これがPoint!

スケジュール通りに行動できたら「目」と「耳」で成果を認識しよう！

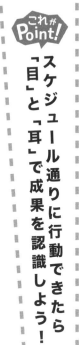

10

「仕事モード」をオフにするコツは

× キリのいいところまで仕事をする

○ 仕事終わりには、デスクの上を片付ける

シャキッ！

ルーティーンを決めて習慣化することで、オンとオフがはっきりする

「オン」と「オフ」のメリハリをつけづらくなりがちな自宅勤務。

仕事を終える10分前には、今抱えている業務の進捗の振り返り、確認をする時間を設けたいものです。

- **その日のTODOリストを再度確認**
- **手が回らなかった業務は付箋に書き、翌日のTODOに加える**
- **デスク周りを片付ける**
- **前述のように〝仕事の終了〟を声に出し、カレンダーに印をつける**

こうしたルーティーンを10分間で行います。

これを習慣化することで、ダラダラと「仕事の延長」的な時間をつくらないようになり、翌日の仕事への導入もスムーズになります。

出社してオフィスで仕事をする際には、「デスクの上をきれいに片付けてから退社」ということが習慣になっていた人も多いでしょう。でも、自宅での仕事となると、とたんにルーズになってしまう……。

「周りの目」がないと、どうしても人はだらしなくなりがちです。

そんなときに「自分は片付けのできない人間なんだ」「ダラダラ仕事をしてしまうのはだらしない性格のせいだ」なんて思う必要はありません。

それはただ単に、メリハリをつける行動が足りないだけ、「習慣」が身についていないだけです。

「仕事終わりのルーティーン」を続けることで、やがてそれは習慣になります。そしてその習慣は、1日の「オン」と「オフ」にしっかりとメリハリをつけてくれることでしょう。

これがPoint!

終業10分前に「ネクストアクション」への準備をする

2
章

「ダラダラ癖」から脱出する

家でも仕事が
グングンはかどる！

1
「ストレスだらけ」の日々から抜け出すには

× とにかく寝て休む

○「セルフマネジメント」の方針を決める

シャキッ！

「望ましい行動」を増やし、「望ましくない行動を減らす」うえで有効！

物事に優先順位をつけよう

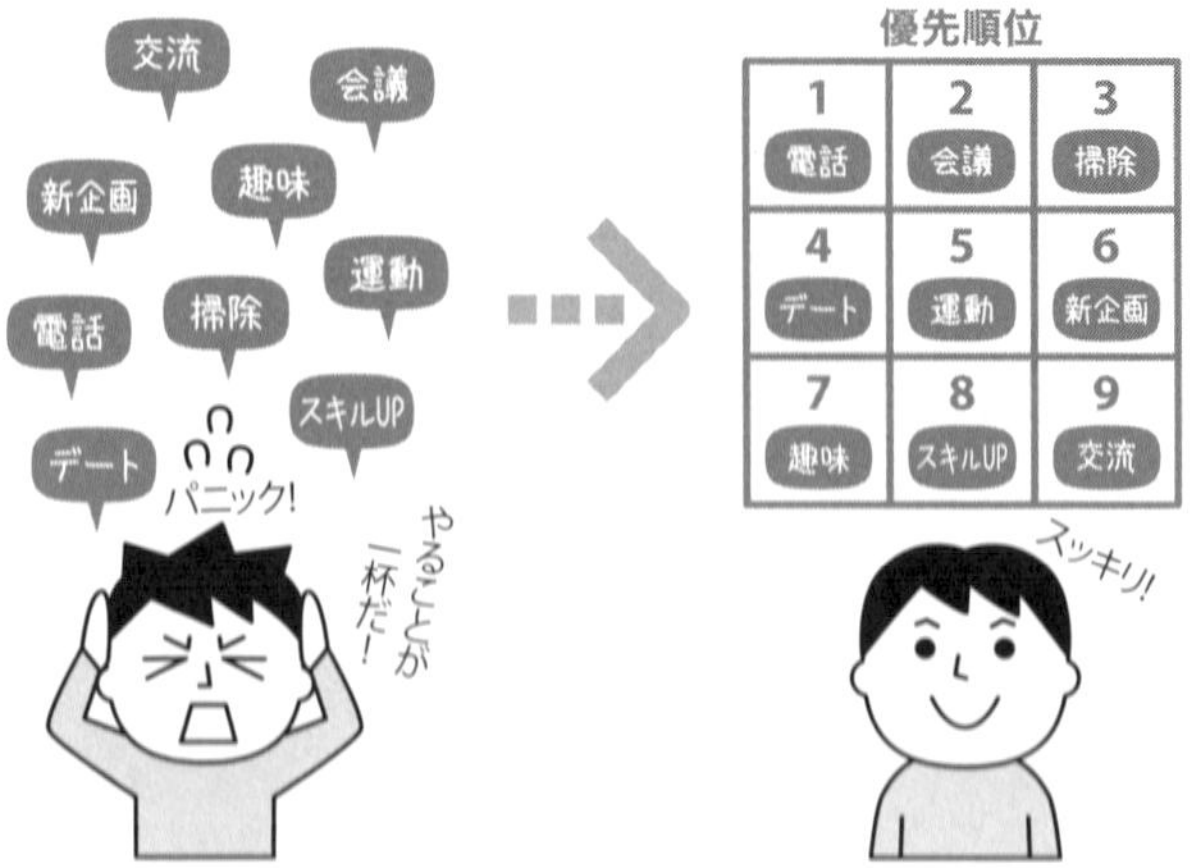

仕事もプライベートも充実させたいと思う人は多いでしょう。

でも、現実は厳しいもの。「いつかやりたい」と思っていても、あっという間に時が過ぎ、気づくと半年、1年が経ってしまい、「今年も実現できなかった」となってしまいます。

仕事に追われ、自分の時間が持てない。プライベートが充実せず、ストレスだらけ。こんな状態から抜け出すには、どうすればいいのでしょうか?

大事なことは、「セルフマネジメントの方針」を決めること。

やみくもに、目標を立てても手つかず

で終わってしまうもの。

何を大事にして、どう優先順位をつけるのか、をはっきりさせます。

その上で、叶えたい目標を書き出してみましょう。

この他にも、自分はどんなときにやる気が出るのか、充実感を味わうのかといった視点も大事です。スムーズに行動できるスイッチの押し方や、上手な気分転換の仕方、休息の取り方についても、わかりやすくご紹介していきます。

毎日がストレスフルで疲れた、と感じていたら一度立ち止まって、セルフマネジメントについて自分なりの方針を持ちましょう。

これが、現状を打開する第一歩です。

これがPoint!

優先順位を考えて、生活の指針を持とう！

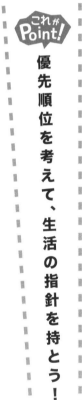

2

「やる！」と決めたことを実行するために

× 精神力を鍛える

○ ちょっとずつやる

シャキッ！

「スモールゴールの設定」は
行動科学の基本！

まずは、叶えたい目標を書き出してみましょう。

仕事のみならず、ダイエットや新しい知識・スキルの習得などもいいですね。目標を立て、適度に休息をとりながら、ゆっくりじっくりと達成に向けて踏み出してみましょう。

やりたいことに一歩ずつ近づいていく充実感は、何にも代え難いもの。毎日の生活に潤いとハリが出て、背筋もピンと伸びるはず。

なかには、「目標」「達成」という言葉に、大きなハードルを感じてしまう人もいるかもしれません。

大丈夫。もし、あなたに達成したい目標ができたなら、そのための具体的な行動は「ちょっとずつ」でいいんです。

「まずはちょっとやる」

「次に、ちょっとずつやり続ける」

ちょっとずつやろう!

これは「スモールゴールの設定」という、行動科学マネジメントの基本中の基本です。小さなゴールをいくつも設定して、それをクリアしていくことで最終的に大きなゴールにたどりつく……これが目標達成のコツです。

「毎朝10キロのランニング」をいきなり始めるのではなく、最初は3キロのウォーキングを。

それが達成できたら、次は途中で少し走ってみる（ウォーク&ラン）。

それが達成できたら、次は3キロのジョギング、5キロのジョギングを。

こうして徐々に距離をのばし、最終的に10キロのランニングを可能にするわけです。

スモールゴールをクリアするたびに得られるものがあります。

それは……そう、前章でもお話しした**「達成感・自己効力感」**です。

ちょっとやってみる。できた……。

この「できた」「自分はできる」という自分への認知が、行動したことへの〝ごほうび〟（専門的には『動機付け』といいます）**となり、次のゴールへと向かわせるのです。**

私、冨山自身も、このスモールゴールの設定でビジネスのスキルを習得した一人です。

今でこそ大勢のビジネスパーソンの前で研修や講演をしている私ですが、かつては〝人前で話すこと〟が大の苦手。少人数を相手のちょっとしたプレゼンテーションや会議での発言でさえ、手がプルプルと震えたものです。

それを克服するために行ったのは……まず「会議の開会の挨拶担当」。

それから「司会進行」「プレゼンの一部を担当」というように、本当に少しずつ、徐々に徐々にとスモールゴールのハードルを高めていき、そのたびに「よし！　できた！」「私にもできるんだ！」と感じ、最終的には「講師」を職とするまでになったのです。

目標達成に必要なのは、強い精神力じゃない。
「ちょっとずつ」やれば、自然と大きなゴールにたどり着ける。

これをセルフマネジメントの基本として、ぜひ覚えていてくださいね。

これがPoint!

ちょっとずつやる、
これが達成するための何よりの秘訣

3

良い行動を続けるには

× 自画自賛する

○ ごほうびを決めておく

シャキッ!

「行動の結果」にメリットがあると継続しやすい

「『達成感・自己効力感』が自分の行動への〝ごほうび〟となる」というお話をしましたが、行動したことへのごほうびは、それらに限ったわけではありません。**自分で意図的に設定することも有効です。**

たとえば「英会話のテキストを2ページやり終えたら、おやつの時間にする」「テキストをすべてやり終えたら、新しい靴を買う」なんて感じです。「ビールを飲む」「Netflixで映画を観る」など、何でもかまいません。

あるいはゲーム感覚で「1週間○○を続けたら10ポイント」などとして、「100ポイントたまったら高額なモノを買う」というのもいいですね。

要は、**自分の行動の結果を、意図的に「メリットのあるもの」にするわけです。**

人は、行動の結果にメリットがあれば、その行動を繰り返し、デメリットがあれば繰り返しません。この行動原理を利用するんです。

ピンときた方もいらっしゃるかもしれませんが、ビジネスマネジメントにおける「(メンバーを)ほめる」という行為も、メンバーが望ましい行動を取った際の〝称賛〟というごほうびです（ですから、何でもかんでもほめれば伸びる、ということはちょっと間違いですよね）。

自分の行動、スモールゴールのクリアを誰もほめてくれない？　仕事でのタスクの完了を誰もほめてくれない？

ならば、自分で自分にごほうびをあげましょう。

あなたはどんなごほうびを用意するでしょうか？　どんなメリットがあればうれしいでしょうか？

ぜひ楽しみながら考えてみてくださいね。

これがPoint!

自分へ〝ごほうび〟があなたを後押しする！

4

仕事を「素早く」始めるために

× 開始時間を決める

○ 開始時に、パチンと手をたたく

シャキッ!

「身体プロンプト」で、身体に覚えこませる

仕事開始時に手をたたこう

1章で、オンとオフの切り替えの方法として、仕事の開始時と終了時には声を出す、というお話をしました。

「さあ、仕事開始!」
「本日の業務、終了!」

などと声に出すことで、脳が反応して心身のモードを切り替えてくれるわけです。

それでもなかなかオン・オフのメリハリがつかないという人は、さらに、体のアクションを決めて毎回繰り替えし、習慣にするといいでしょう。

たとえば、仕事開始の際には「パチンと手を叩く」「スクワットを1回する」

など。仕事終了時に「バンザイをする」などもいいですね。

1日の仕事を始めるとき、終えるときのみならず、細かいタスクの始まりと終わりにもやってみてください。**これは「身体プロンプト」の手法です。**

要は、「これからオンの始まりだよ」「さあ、オフだよ」ということを「身体に覚え込ませる」わけですね。

一人で仕事をしていれば、「さあ、仕事を始めよう」と言ってくれる人も、「そろそろ終わりにしよう」と言ってくれる人もいません。だから、しっかりとオン・オフのメリハリをつける際にはそれなりの工夫が必要です。決して難しいことではないので、ぜひ試してみてください。

これがPoint!

仕事を始める前と後に身体的なアクションを決めておく

5

休憩後、仕事をしたくないときは

× 「あと10分、休もう」と考える

○ 仕事で使うパソコンを「1分」見る

シャキッ!

「刺激統制法」というテクニック!

「仕事をしなくちゃいけないのだけど、どうしても今読んでる漫画をやめられなくて」

そんなダラダラした自分を何とかしたい！

ここで一生懸命、「仕事が大事！」「早くやらなきゃ！」と思っても、なかなか切り替えられないものです。「やる気が出ないなー、サボりたいなー」という衝動……。

はっきり言って、その感情はどうにも変えられないものです。

「真面目に〝仕事第一〟と考える自分」になるのは、あきらめましょう。


変えようとするべきなのは、感情ではなくて、行動。


じゃあ、こんな場合はどうすればいい？

とても簡単な行動を取ります。


「（仕事で使う）パソコンを１分間黙視する」


そう、〝見るだけ〟です。

パソコンを使って仕事をしていない人は、これから始める仕事に必要な資料や道具を黙視。資料を読み込むのではなく、〝見るだけ〟でいいんです。

これは専門的には**「刺激統制法」という、行動変容のためのテクニック**。仕事の対象を見ることで、自動的に自分を仕事へ向かうモードに導くのです。

たとえばダイエット中にお菓子を控えているとき……。

テレビでスイーツの特集などを観ると、無性にお菓子が食べたくなったりするでしょう。だから、お菓子をガマンしているときは、そういった番組やお菓子を見ないようにする！

これも刺激統制法です。

仕事モードにする際にパソコンを見

る、というのは、この逆の形ですね。

「ダラダラした自分を何とかしたい」

そう願う人の多くは、どうしても自分の性格や感情にフォーカスしてしまいます。

でも、性格を変えたり、感情を抑えることは、本当に難しいこと。だから、感情に頼るのではなく、「行動」に頼るようにしましょう。「ただ見るだけ」という、最高にカンタンな行動なんですから。

これがPoint!

見ることで、「仕事モード」に切り替わる

6

一人でいると、だらしなくなる人は

× 進捗をごまかし、上司を避ける

○ 進捗を報告し、自分の行動を管理する

シャキッ!

「他人の目がある」環境をあえてつくる!

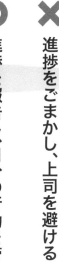

行動科学マネジメントでは、物事を継続させるためのコツとして、**「他人の目」も活用します。**

職場では周りの人の目があるから、しっかり仕事をするけれど、自宅でのリモートワークではだらしなくなって、仕事が面倒になり、作業も途中で挫折してしまう……！　そんな人も多いはず。

そこで、あえて仕事の〝しくみ〟として、**「他人の目がある」環境をつくってみましょう。**

「業務の進捗について、必ず上司、メンバーに報告や相談をする」というルールをつくり、実際に相手と約束を交わしておくのです。

報告や相談は、オンラインを活用して、実際に顔を見て行うのが最良ですが、相手が忙しかったり、自分がオンラインミーティングの環境に居ない場合などは、メールやSNSで行ってもかまいません。

要は「誰かが自分の仕事の報告を待っている」という状況をつくるわけです。

たとえば「今日の15時30分までに○×の資料を作成する」というスケジュールを立て

たなら、その作業の途中の14時に必ずメンバーに進捗報告する。内容は「今、頑張ってやっているところ」なんていう簡単なものでいいんです。

「他人が自分の仕事のスケジュールを知っているから、遅れられない……」

そんな**〝恥ずかしさ〟〝バツの悪さ〟〝罪悪感〟などの心理状態をあえて利用する**、ということですね。

リーダー・マネジャーの立場にある人は、自分から「必ず○○時に報告するように」なんて言うと、相手は「管理されすぎていて嫌だな」と感じるかもしれませんので、あえてメンバーそれぞれの業務をチーム制、ペア制にする、という仕組みづくりも検討するといいでしょう。

これがPoint!

〝恥ずかしさ〟〝バツの悪さ〟〝罪悪感〟などの心理状態を使って、自分を動かそう

7

仕事をサボりたくなったら

× サボらないよう、一生懸命ガマンする

○ 誘惑物を隠す

シャキッ!

「刺激統制法」で、やめたい行動を減らせる

「家で一人で仕事をしていると、ついつい他のことをやってしまう」

仕事中に限らず、何かを続けようとする際には、その行動を阻害する〝誘惑〟が、いっぱいありますよね。要するに「取るべきではない行動」。

こうした行動を取らないようにするには、どうしたらいいでしょう？

「仕事に集中するぞ！」と堅く決意する？

一生懸命ガマンする？

行動科学的には、そのような精神力に頼るやり方ではなく、もっと科学的なやり方を取ります。

ずばり「誘惑されるようなものは、隠す」。

あまりにも単純で、何だか拍子抜けした感じでしょうか？

でもこれは、「刺激統制法」という、科学的な行動変容理論の技法です。

・スマホのゲームアプリはアンインストールする

・漫画は別の部屋へ置く
・テレビには白い布をかぶせる。リモコンを別の部屋に置く

といったように、**隠すという行動で（やめたい）行動を統制する、（やめたい）行動が発生しない環境をつくるのです。**

あなたの周りには、仕事を邪魔する「モノ」がありませんか？

まずはそれを隠してしまうことが、集中の一番の近道です。

これがPoint!

視界から、仕事を邪魔するものを消す

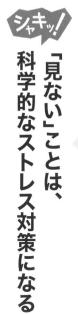

8

気が散るときは

× 仕事をやめて、気を紛らす

○ 仕事に関係ない物は置かないで片付ける

シャキッ!

「見ない」ことは、科学的なストレス対策になる

SNSなどでの、自分に対する悪意のあるコメント……。

それは本当に、命を奪うほどのストレスになりますよね。

この場合、「そんなコメントは最初から見ないに限る」というのが、正しい対処法だと思います。ブログやYouTubeでコメント機能をオフにする、というもの、そうした「見ない」という選択。これが「刺激統制法」です。

単純な話ではありますが、「不愉快なものは見ない」というのは、科学的なストレス対策。


自宅で仕事をしている場合にも、同じことが言えます。

あなたの気持ちを乱し、仕事を邪魔する「不愉快なもの」とは何でしょう？ あなたの仕事スペースから見えるものとは？

「仕事で読まないといけない数多くの論文」

「子どものおもちゃや絵本が整理整頓されていない状態」

「分別していないプラスチックのゴミ」

「子どもたちのアイロンをかける洋服」

……などなど、いろいろあるのでは？

「見て不愉快になるものは、片付けて目に入らないようにしておく！」

これもストレスをためないための大事な環境づくりです。


これがPoint!

仕事をする場所は、こまめに片付けておこう

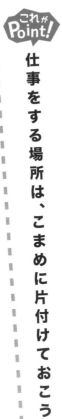

9

「締め切り」を守れない人は

× 気持ちを入れ替え、同じやり方で進める

○ 締め切りを前倒しにしておく

シャキッ！

行動を変えれば、望ましい習慣が手に入る！

「いつもこの状況になると、気分が落ち込むんだよね」

なんてこと、ありませんか？

「毎回、案件の締め切り前になると、急に気持ちが重くなる」とか、「いつもあの人と電話でやりとりをしていると、何だか焦らされているように感じる」とか……。

人は知らず知らずのうちに〝望ましくないルーティーン〟をつくり上げているものです。

ストレスマネジメントで大切なのは、落ち込んだり、感情が乱されたりした際にどう対処するかではなく、**「そもそもそういう状況をつくらないようにする」ということ。**

つまり、「望ましくないルーティーン」＝「古い習慣を捨ててしまう」のです。

「毎朝、最寄り駅までバスに乗ると混んでいて憂鬱な気分になる」という人の話もよく聞きます。

そんな人は、「最寄り駅までバスに乗る」という習慣を捨て、「最寄り駅まで15分間散歩しながら向かう」なんていう新しい習慣を身につけてみる。もちろんそのために「こ

締め切りを前倒ししよう

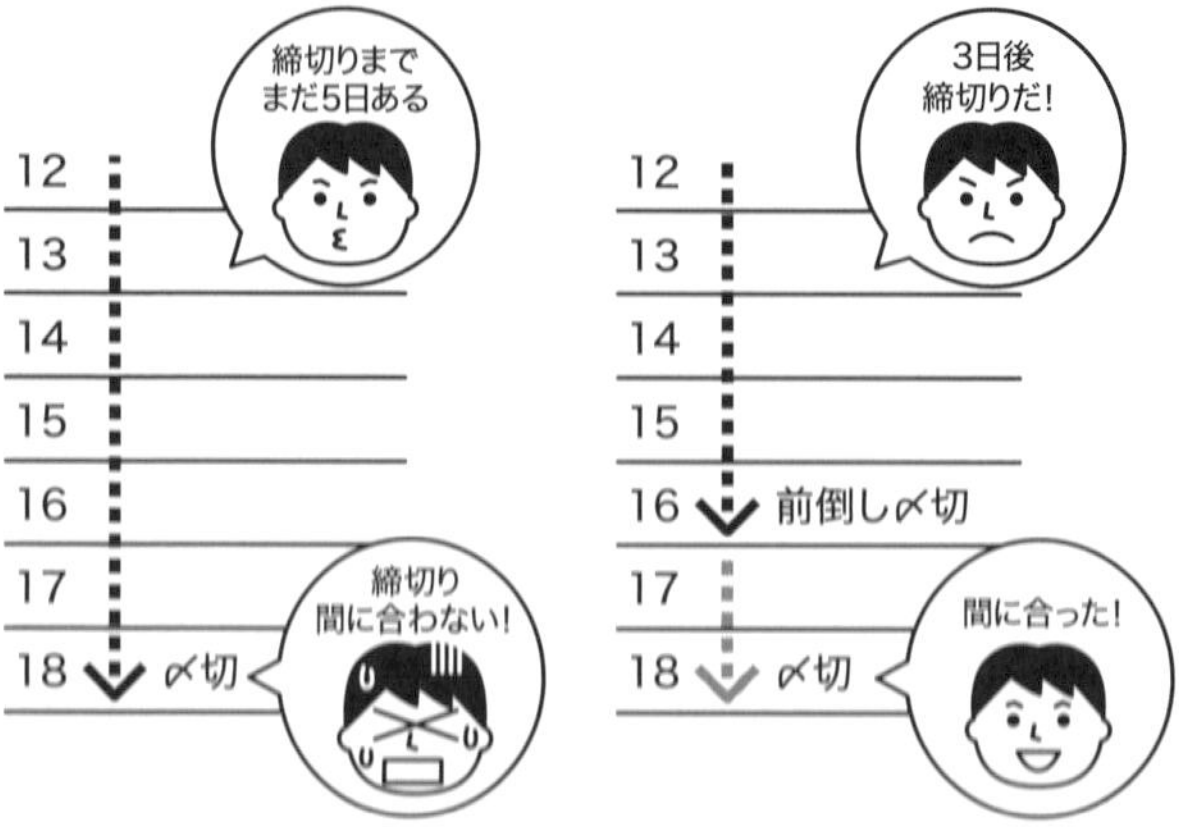

れまでより15分早く家を出る」などの新しい習慣も必要になってきますが。

習慣をつくっているのは、他ならぬ自分の行動。だから、行動を変えれば、習慣が変わります。別に「落ち込んでもポジティブでいよう」「周りもみんなそうなんだから仕方がない」なんて、精神力に頼る必要はありません。

締め切り前に気分が乗らなくなるなら、締め切りの設定は2日前倒しにしておく。

電話でのやりとりが習慣になっている

相手でも、メールに切り替える。

こんなふうに、「新しい習慣」をつくることで、落ち込む状況を追い出しましょう！

これがPoint!

「古い悪習慣」を捨てれば、「新しい習慣」が手に入る！

10

「自分の時間」を有効に使うために

× その日、「やりたいこと」をする

○ 「やりたいこと」を書き出し、予定に組み込む

シャキッ！

ダラダラする時間が減り、生活にハリが出る

リモートワークでは、通勤などの時間が短縮できるので、セルフマネジメント次第では、よりさまざまなことをやれるはずです。

趣味、友人・知人とのコミュニケーション、家族との約束事など、ビジネスとしての仕事以外にも、１日のうちにやることはたくさんありますよね。

そこで、**仕事以外でも、その日にやることを毎朝ＴＯＤＯリストに落とすことを習慣にしてしまいましょう。**たとえば、

・８時から15分間、近所を散歩する
・15時から10分間、リラックス休憩をとる
・18時から30分間、自宅で筋トレをする
・20時から家族と団らんし、今日の出来事を話す
・22時から自分の時間をつくり、就寝するまで好きなことをして過ごす

仕事以外で、やりたいことを予定に組みこもう！

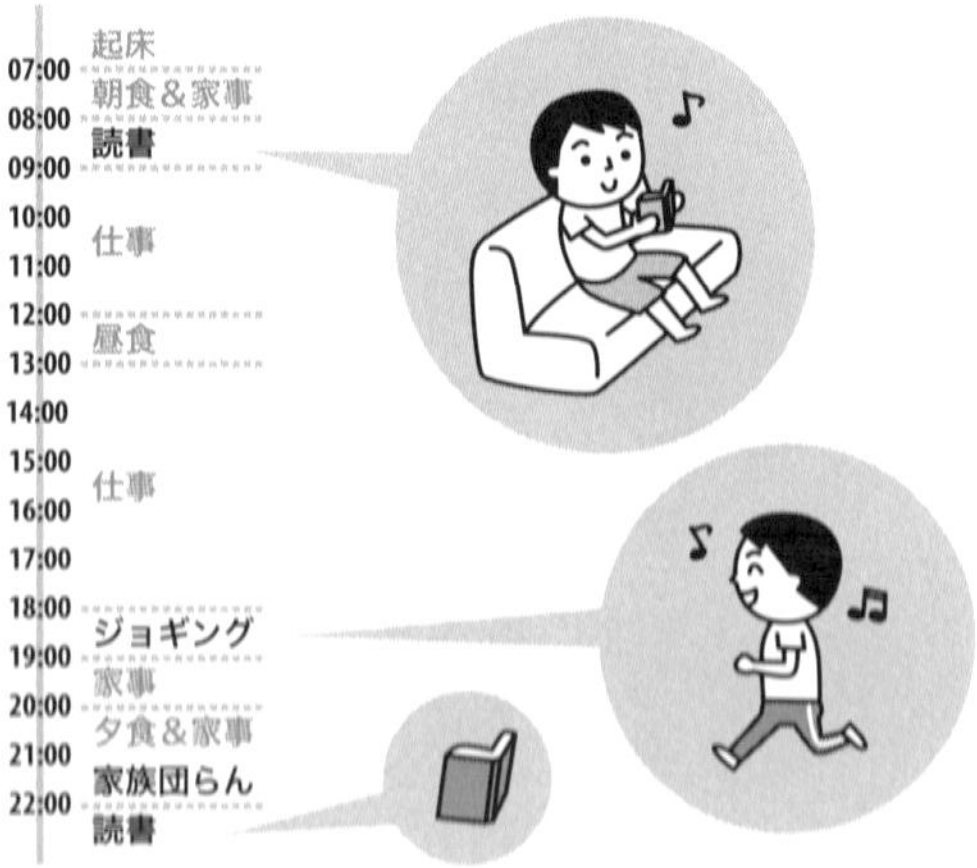

など、具体的に時間を決めて、**予定として組み込んでしまうのです。**

ビジネスは大事。でも、プライベートだってもちろん大事。「出社」「退社」という、オン／オフの切り替えのきっかけがない仕事のスタイルでは、ダラダラと仕事に引きずられることを阻止する取り組みが絶対必要！

やりたいことはやって、大切な1日を無駄にしない。セルフマネジメントでそれを実現させましょう。

リモートワークで「通勤」がなくなったという人も多いでしょう。通勤時間はもちろん人それぞれですが、その**「空いた時間」をあなたならどう使いますか？**

私のお勧めは、ずばり「学びの時間」として使うことです。

リモートワークは朝と夕方に学びの時間を確保できるチャンス。あなたもあなたなりの「これからの自分にとって身につけておきたいこと」を探してみてください。

これがPoint!

新しく生まれた時間を賢く使えば、学びや趣味を充実させられる

11

目標を達成するために

× 「いつかやろう！」と誓う

○ 「期限」を明確にする

シャキッ！

「スモールゴールの設定」は、科学的な目標達成のコツ！

「物事を継続させて目標を達成させるためには、少しずつ＝スモールゴールを設定」というお話をしましたが、目標達成のためには、もう一つ、とても大事なファクターがあります。

それは「期限を明確にする」ということ。

たとえば営業パーソンが「自身の売上を120％にするぞ！」という目標を立てたとします。でも、そこに「いつまでに結果を出すか？」ということが抜けていると、今、やるべきこと、すなわちスモールゴールの設定がうまくいきません。

「売上120％」というラストゴールを「1カ月後」「四半期後」などと具体的に期限を切って決めれば、たとえば「そのためには1日に5件の新規客への連絡」といったように、**スモールゴールの内容も明確になります。**

もちろんこれはビジネスに限った話ではなく、学習やダイエット、体のトレーニングなども同様です。

「期限から逆算して、クリアすべきスモールゴールを『日々のスケジュール』とする」

これが科学的な目標達成のコツ。

そこには〝やる気〟や〝意志〟といったものはまったく関係ありません。

これがPoint!

目標に「期限」があれば、あなたも自然に動き出す！

12

気乗りしないとき、勉強するには

× 「頑張れ！」と自分に言い聞かせる

○ 机の上にテキストを用意する

シャキッ！

アクションを起こせば、次の行動につながる！

空いた通勤時間を「学びの時間」に変えて、さあ、毎朝勉強するぞ！
……と意気込んで実行しても、どうしても〝気乗りしない〟ときもあるでしょう。なんだかやる気が出ない、動きたくないという朝だって誰にでもよくあるもの。

それに、物事が続かないのは、意志の問題ではありません。

そう、「ちょっとずつ」やればいいのです。

たとえば「机の上にテキストを用意する」。これだって、勉強のためのひとつの行動です。大切なのは、簡単でもいいから、とにかく行動を取ること。「はじめの1歩」を踏み出すことです。

気乗りせず、「参考書を3ページやる」という目標に至らず、1ページで「もう仕事の時間が来た」ということになっても、そこで挫折感を味わう必要はありません。**参考書に取り組んだという自分をほめてあげるべきです！**

「ちょっとだけやってみる」ことで気分が乗ってくる、やる気が出てくるなんていうこともあるものです。一番もったいないのは、あれこれ考えて〝何も行動しない〟ということ。

勉強の時間にはまず「準備する」という行動を取ってみてください。その行動が定着しルーティーンになれば、しめたもの。学びの習慣はやがて自然に身につくはずです。「気乗りしない」を気にしすぎないで、まずはほんのちょっとの行動を！

これがPoint!

気分が乗らないときには準備して、自分を乗せる！

13

「ダイエット」を成功させるには

× 何も食べずに過ごす

○ ミントタブレットを口に入れる

シャキッ!

「代替行動」で食べ過ぎを防げる

代替行動でうまくいく！

自分が望ましい結果を得るために**“減らすべき”行動のことを、行動科学では「過剰行動」と言います。**

たとえば前述の「スマホのゲームをする」や「漫画を読む」こと。

ダイエットで言えば「お菓子を食べてしまう」ことなど。

「やめなきゃならないのはわかっているけど、ついついやってしまう行動」ですね。

「誘惑を隠す」という刺激統制法の他にも、こうした行動を抑制する行動変容理論の手法があります。

それは**「反応妨害技法」と言われる**

もので、過剰行動に変わる行動、「代替行動」を取るというものです。

別に難しいことではありません。

たとえばお菓子を食べたくなったら、代わりにミントタブレットを口に入れる。お酒を飲むのを控えようと思ったら、ビールの代わりに炭酸水を飲む。

「食べる」「飲む」といった行動は変えずに、その対象を代えるわけです。

「仕事中についついお菓子を食べてしまう」ということをやめたいならば、まずは刺激統制法で「お菓子を隠す」という環境づくりを。

さらに反応妨害技法としてミントタブレットを用意すれば、バッチリでしょう。

「我慢する」「あきらめる」といった自分の〝内面〟に着目するのではなく、**行動科学のマネジメントはあくまでも〝行動〟に着目します。**

人が人の内面を変えるのは、そんなに簡単なことではありません。

でも、行動を変えるのは、誰にでもできること。
あなたも、「やめたい行動に代わる行動」を見つけましょう！

これがPoint!

お菓子じゃなくてタブレット！
お酒じゃなくて炭酸水！

14

間食をやめたいときは

✕ お菓子を買い置きしておかない

○ お菓子を目につかないところに置く

シャキッ！

面倒な手間を増やせば、悪い習慣を捨てられる！

「面倒だから、やらない」

これは習慣化のブレーキの大きな原因となる人間の行動原理です。

行動科学マネジメントでは、「面倒なこと」を「面倒ではないこと」にして習慣化させる、というアプローチも行います。

たとえば毎朝のジョギングを習慣化させたいとき、「面倒なこと」といえば？「ランニングウェアに着替える」「靴箱からシューズを出す」なんてことがあるでしょう。

その場合はどうすればいいか？

簡単なことです。「ウェアは前の日の就寝時に枕元に用意しておく」「シューズはいつも玄関に出しっぱなしにしておく」……これだけで「面倒なこと」は「面倒ではないこと」になりますよね。

こうして**行動のハードルを低くすることで、行動は継続しやすくなります。**つまり「行動しやすい環境づくり」をするわけです。

いっぽう、「やめたい習慣」がある場合は？

そう、**行動を「面倒なこと」にしてしまえばいいんです。**

たとえば間食をやめたいのであれば、お菓子は買い置きしておかない（わざわざコンビニに買いに行くのは面倒！）。

たとえばゲームの習慣をやめたいのであれば、ゲームが終わったらゲーム機本体は常に箱にしまうようにする（わざわざ毎回箱から出してモニターに接続するのは面倒！）。

人はどうしても〝誘惑〟には弱いものです。その誘惑を精神力で抑え込んでも、ストレスの元になるだけ。

誘惑は「行動のコントロール」で制しましょう！

これがPoint!

やめたい習慣は、行動のハードルを高くすればいい！

15

燃え尽きを防ぐには

✕ 頑張りすぎないよう気をつける

○ コーヒーや紅茶でホッと一息つく

シャキッ！

「オペラント強化」で、良い結果が出やすくなるかつて私は「もっと頑張らなきゃダメだ！」という気持ちが強く、休みなくたくさんの仕事をこなし続けて、その結果、体調を崩してしまったことがあります。

バーンアウト、いわゆる「燃え尽き症候群」というものですね。

「一人だから、ついつい頑張りすぎてしまう」……リモートワークでそんな状態になる人もいるのではないでしょうか？

燃え尽き症候群は本当に怖いもの。私の場合はそこから復活することができましたが、「燃え尽きたまま」になり、職を手放してしまったり、精神を病んでしまうなんてことにもなりかねません。

行動科学では、「毎日の仕事は80％の力で」ということを推奨しています。

つまり、「頑張りすぎない」こと。

この本でお伝えしているさまざまなノウハウも、言ってみれば「頑張りすぎなくてもいい」ための方法です。

１００％の力で行う仕事は、そもそも長続きしません。それよりも、効率を重視し、

80%の力でも良い結果が出るやり方を採用したほうがいいはずです。

スケジュール通りに進まなくても、仕事の区切りにはいったん休憩が必要。紅茶やコーヒーでも飲んで自分をいたわる。

オフの日には仕事をせず、オフの1日を充実させる。

これは「オペラント強化」と言われる、行動継続のための科学的手法です。

長く働き続けるために、ずっと健康でいるために、そして仕事で良い結果を出すために、一人のときにも休憩を忘れずに!


これがPoint!

「毎日の仕事は80%の力で」を心がける

3章

適度に休息を取ろう！

ストレスを ためない 行動ルール

1

自宅で仕事をする機会が増えた今こそ

× 「オフの日」でも仕事をする

○ 「オフの日」は休む

シャキッ！

燃え尽きないための大事な習慣

休息は行動継続に必要

職場にいるときはオン。

自宅ではオフ。

会社に出勤する働き方では、そんな切り替えができました。

自宅は仕事をする場ではなく、くつろげる、居心地のいい空間……。

でもリモートワークで自宅が職場となったことによって、それも難しくなった、という人も。

くつろぎの場であるはずだった自宅が、仕事に追われストレスを溜める場になってしまったわけですね。

これまで多くの企業と関わったなか

で、**私たち日本人は「仕事が一番大事！」「人生の中心は仕事！」という傾向が強いように思います。**

だから、あえて意識的に「オフ」の状態をつくる、オフの時間に着目し、大切にしなければ、本当にバーンアウトしてしまうかも。

私も以前は「365日、仕事のことを考えているべきだ」というタイプでした。結局そんな働き方をして、バーンアウトしてしまいました。

今はその姿勢をあらため、仕事がないオフの日には、家族とゆっくり過ごしたり、友人と一緒にランチをしたりするなど、積極的に〝仕事以外のこと〟を楽しむようにしています。

「仕事は人生の一部であって、すべてではない」

そう捉えて、**オフや余暇、大切な人との時間を充実させることが、結果として仕事のパフォーマンスにも良い影響を与えるはずです。**

「あえて、休む」という習慣を、ぜひ取り入れましょう。

休む頻度は人によって違うでしょう。自分がどのくらい連続して仕事をしたらストレスがたまるのか？　1日でいえば1時間に1回の休憩が必要なのか？　1カ月でいえば、10日連続で仕事をするのはキツいか？

自分なりのペースを見つけることも大切です。

これがPoint!

自分に合った休息の取り方を見つけよう

2

午後からエンジンが切れてしまう

× カフェインをとって目をさます

○ 15分、昼寝をする

シャキッ!

仮眠の習慣も、パフォーマンスを上げるうえで有効

短い昼寝は有効

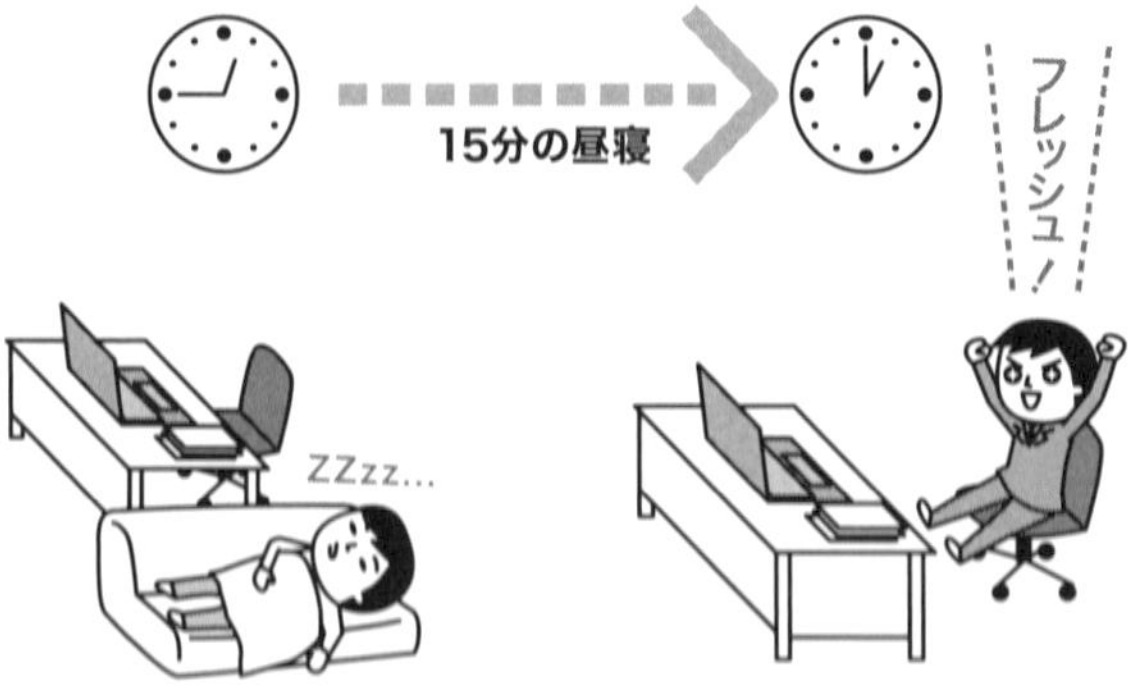

前章で「仕事の途中には休憩を取る」ことの大切さについて触れましたね。

さらに時間が許すなら……もしスケジュールの調整によって、あるいは会社で決められている「昼休憩」の時間が1時間くらいあるのであれば、15分程度の仮眠をお勧めします。

これはリモートワークに限らず、オフィスでの仕事の際も同様。**昼休みは昼食を早めに済ませて、デスクでいいので15分ほどウトウトするのです。**

この仮眠の習慣を取り入れることで、午後の業務のパフォーマンスが大

き く上がった（仕事のスピードが早くなった、仕事中の眠気がなくなった、など）という話は私の周りでもよく聞きます。

自宅勤務の人はソファーにゴロンと横たわってもいいでしょう。15分という短い時間ですから、眠るといっても、熟睡する必要はありません。**目を閉じて何も考えないでリラックスする。それだけでいいのです。**

夜に睡眠を取る場合には、昼間の光と同種類のスマホやＰＣの光は体内時計を狂わせるので、できれば就寝30分前までにしたいものですが、お昼寝はあくまで「お昼の過ごし方」のひとつ。特別な支度もいりません。

逆に「どうせ眠るなら、部屋を真っ暗にして」と、**カーテンを閉めてしまうのはお勧めしません。体が「夜モード」になって、そのまま眠り込んでしまいますからね。**

たった15分、と思われるかもしれませんが、実際にやってみると、気持ちも体も、思いのほかリフレッシュするものです。
ぜひ試してみてください。

これがPoint!

15分間の「お昼寝タイム」でリフレッシュできる

3

やることが多くて、頭が働かないときは

× 「落ち着いて！」と自分に言い聞かせる

○ 手を動かして、考えていることを書く

シャキッ！

頭の中の「見える化」は効果的！

「頭の中で考える」だけでは思考の整理がしづらい……これは自然なことです。

思考がまとまらないときに必要なのは、思考の「見える化」。

つまり、「今考えていることを紙に書き出す」ということです。

実際に手を動かして、頭の中にあるワードを書き出す。それを見ることで、冷静に頭を動かせることができるわけですね。


私も研修の内容などを考える際には、頭の中で考えているだけでは、なかなか思考の整理ができず、いいアイデアも浮かばないものです。

そこで、考えをまとめなければならないときには、すぐにPCを起動させて、とにかく考えていることを入力！　たとえば、「研修のタイトル」を入力してみる。そうやって手を動かし、入力された文字を目で見るうちに、自然と思考がクリアになっていくのです。


実際に文字を書いていくと、本当に「あれ？　どこで（思考が）こんがらがっていた煮詰まったら、手を動かす！

のかな？」と思えるほど簡単に解決の糸口が見つかるものです。

紙に書く、文字を入力する、という「頭の中の見える化」は、仕事においての思考の整理だけでなく、**日常生活での悩みにも効果大です。**

「あの人とはどう付き合っていけばいいのだろう」

「明日の会議はどのように進めようか」

「AとB、どちらの商品を買うべきか」

「これから先、何を目標にしていこうか」

こんなふうに、悩んでいることや、な

んとなく判断のつかないことなど、あなたの頭の中にもさまざまな問題があるはずです。

それらを頭の中で解決しようとせずに、まずは書いて「見える化」して、見る。

すると、問題を客観視することができて、冷静な判断を下せるようになります。

また、深く考え込んでいたことが〝実はそんなに大した問題ではなかった〟なんてことに気づくことも。

「考え事をする際には、とにかく考えていることを書き出す」これを習慣にしてしまいましょう。

これがPoint!

頭の中で解決しようとしない。とにかく「紙に書く」！

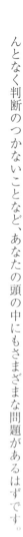

4

人と話す機会が減り、元気が出ないときは

× 孤独を感じながら、ひたすら耐える

○ 声に出して、自分を励ます

シャキッ!

「言語プロンプト」は、ストレス対策にも有効

リモートワークに取り組み始めて、「人と話す機会が少なくなった」という人は大勢いらっしゃるでしょう。

仕事のやりとりはメールやチャット、一人仕事で周りには誰もいない、買い物に行ってもレジでは無言で済む……。

人はコミュニケーションのなかで暮らす生き物。これまで人との会話、コミュニケーションが自然に身の回りにあった私たちにとっては、**何もしゃべらない、声を出す必要がない生活というのは、ストレスがたまる大きな要因となります。**

そこで、「自分自身に声をかける」という習慣を身につけましょう。

自分で自分に、「励ましの言葉」をかけるのです。

何だかむなしく感じる？　でもこれは、1章でもお話しした「言語プロンプト」の手法のひとつ。ストレス対策、行動の後押しの効果は大きなものです。

「あともうひと踏ん張り！」

「今日も1日、お疲れさまでした！」

「いける！　いける！」

「大丈夫！」

「上出来、上出来！」

「私って、何でもこなしてすごい！」


などなど、自分を励ます言葉は、いろいろ工夫してみてください。

ずっと声を出さずに過ごす1日と、自分で自分にでもいいので声を出して過ごす1日。

モチベーションの高まりや気分の違いには、結構大きな差があるものですよ。


これがPoint!

自分のことを自分で励ましても、良い動機づけとなる

5

ストレスがたまってきたら

× 一人で何とかしようとする

○ 話を聞いてもらったり、癒される場所に行ったりする

シャキッ！

自分を元気にする「環境づくり」を！

悩み事や問題を抱えているとき、誰にも話さずに一人で悶々としている人もいます。

「話を聞いてくれる人を持つ」ことは、ストレスマネジメントにおいて、極めて重要なノウハウだといえます。

リアルでも、オンラインでも、電話でもかまいません。

「ちょっと話を聞いて欲しいんだけど」

と言って、直接声を聞いて話ができる人、話していると元気になる人。

あなたにも、そんな人がいるのではないでしょうか？

一度、自分の人間関係を洗い出してみて、「この人になら、話せるかも」という人をあらためてピックアップしてみてはいかがでしょう。


また、落ち込んだときに元気を取り戻すためには、**「場所」を利用するという方法もあります。**

「ここへ行くと何だか元気な気持ちになる」

そんな場所はありますか？

たとえば気に入っている公園、好きな街、すがすがしい気持ちになれる神社、お気に入りのカフェやホテルのラウンジなど。

「一人」で「同じ場所」で落ち込んでいても、気分は変わりません。「元気が出る人」「元気が出る場所」を見つけて、気分のリカバリーを図りましょう。

また逆に、「この人と話すと気分が重くなる」という人や、「この場所ってしんどい気分になるんだよね」という場所もあるかもしれませんね。

「あの人って、いつも私のことを批判するんだもの」

「いつもあの駅の改札を通ると暗い気持ちになるんだ」

なんて人や場所。

すばり、そんな人や場所には、近づかないようしましょう。

リモート時代は、自分の環境は自分で率先してつくっていく時代。

だから、会いたくない人には会わないようにする！
行きたくない場所には近づかない！
それもまた、環境づくりの一つです。

これがPoint!

自分を励ましてくれる人や、元気が出る場所を探しておこう

6 不安定になったら

× 「自分ってダメだ」と落ち込む

○ 深呼吸を5回する

シャキッ!

マインドフルネスで「今」に目を向ける

職場仲間とのランチ中、あるいは終業後の〝軽く一杯〟の酒席などで自分のグチや不安、悩みを聞いてもらって、いわゆる〝ガス抜き〟をする……。

こうした習慣が良いか悪いかはさておき、これまで感情のはけ口があった人が、リモートワークで急にそれがなくなると、鬱屈した感情がどんどんたまっていって、大きなストレスになってしまいます。

前述のように「励まされる人や場所」を決めておくのも大事ですが、**やはり自分の感情は自分一人でもコントロールできるようにしておくのがベストです。**

ところで、人はどんなことに不安を感じ、感情を振り回されるのでしょうか？

多くの場合それは、**「過去のこと」か「未来のこと」**です。

「あのとき、あんなことしちゃった。どうしよう」「あのとき、どうしてやらなかったんだろう」「もっとこうしておけばよかった」**（過去）**

「ああ、きっと明日あの人に怒られるんだろうな」「これじゃ将来どうなるかわからな

イライラしたら深呼吸をする

いよ」「来週のミーティング、出たくないなあ」

（未来）

こんなふうに、自分ではどうしようもできないものに目を向けることで、いろんなマイナスな気持ちが生まれてしまうんですね。

だから、目を向けるべきは、「今」。**今このときに意識を向けて集中することで、過去や未来に対するネガティブ感情がなくなります。**

とはいえ、「今に集中するぞ！　集中！　集中！」なんて強く心で念じても、なかなかうまくいくものではありません。

そんなときには、「瞑想」をするのが一番！

……いえ、これもちょっとハードルが高いですよね。今に集中するための、すぐにその場でできる一番簡単なアクション、それは「深呼吸」です。

「ああ、どうしよう」「いやだなあ」なんてマイナスな気持ちに苛まれたときには、**ゆっくり深呼吸を5回くらい繰り返してみてください。そして「今、私は○○をしている……」と、今の自分の状況を確認します。**

心配事があったり不安だったりするときは、人間の「交感神経」が優位に働いている状態。リラックスするには「副交感神経」を優位にしなければなりません。**深呼吸は、副交感神経を優位にするためのとても簡単な手段なんです。**

「感情に振り回されたら、その場で深呼吸」

誰にでもできる、一番簡単なマインドフルネスです。


これがPoint!

感情に振り回されたら、まずは深呼吸する

7

ゲームをやめられないときは

×ゲームをやる時間を決める

○ゲームをアンインストールする

シャキッ！

「ゲームのない環境」にして行動をリセットする

前章でも触れた、仕事への集中を邪魔する「スマホのゲームアプリ」。

もし本気で、長々とゲームをやってしまう自分を問題だと思っているならば、ゲームのアプリをアンインストールすることは必ずやったほうがいいでしょう。

少々強引と思われるかもしれませんが、これが「脱行動定着化」の最良の手段といえます。

スマホを手にして、ゲームのアプリを開く……これが「習慣」として定着してしまっている場合は、なかなかその習慣を手放すことはできません。習慣の力は、それだけ強いものだということです。

行動科学マネジメントでは本来、悪い習慣を手放す際には、その代わりとなる行動を「新しい習慣」として身につけることを基本としています。

この本で紹介している「リモート時代に必要なマネジメント」もまさにその新しい習慣。さまざまな習慣を身につけることによって、これまでの悪習慣を消去できるわけです。

ただ、スマホのゲームなどは、それに代わる新しい習慣が見つけづらいもの。
でも、単純に「ゲームをするのをやめる」という取り組みは「行動」とはいえません。やめようと思ってやめられれば、何の苦労もありませんよね。そこには何らかの行動が必要だというのが、行動科学マネジメントの考え方です。

「スマホのゲームをやめたい」「やめたいと思ってもやめられない」「ゲームに代わる新しい良い習慣はない」。
……ならば、環境を変える取り組みを！
どんな環境かといえば、そう、それは「ゲームのない環境」です。**思い切って「アプリをアンインストールする」という行動で、環境をリセットしましょう。**

これがPoint!

脱「習慣化」は少々強引な手段にする！

8

1日を心地良く終えるために

× 良いことがあったら、日記を書く

○ 毎日、日記を書き、良かったことで締めくくる

シャキッ!

元気になれる「新しい習慣」を根づかせよう!

「今日は何だか嫌なこともあったし、パッとしない1日だったな……」

なんて思う夜もあるでしょう。

そんなときに気持ちをリセットさせて心地良く眠りにつき、**元気に明日を迎えられる習慣があります。**

それは就寝前の「日記」。

その日にあったことをガッツリと書き連ねる必要はありません。3行くらいでも、何だったら1行だけでもOKです。

ただ、日記は必ず「良かったこと」で終わらせること。これがルールです。

「今日は○○の案件に取り組んだ。結構大変な案件だということがわかったので、計画はさらに詰めていかないといけないと思った。

晩ご飯につくったカレーはうまくできた。美味しかったー！」

なんて感じで、最後を「良かったこと」で締める。

「快速の電車に乗れた！」「○○さんから面白いLINEが来た」「面白いYouTubeを見つけた！」「牛肉が安売りしていた。ラッキー」などなど。

本当に些細なことでいいのです。
「今日も退屈な1日だった」「なんだかうまくいかない」「明日が不安だ」。
そんなネガティブ言葉で終わらせるのは、ＮＧです。

文字として見える化された自分の気持ちを見ることで、無意識のうちにその気持ちが反復される……。これがこの日記の効果です。

だから、ネガティブな気持ちを反復させてはダメ。振り返り、反復させるのは、「良かったこと」です。**どうしても良かったことがなかった、という人は、最後にハートマークや星印、花マルなんかを書いてもいいですね。**

これがPoint!

心地良く1日を締めくくるために、「日記（文字）」の力を利用する

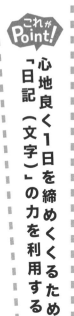

4
章

家事が減り、気分良く過ごせる

コレで家族が協力してくれる！

1

パートナーを動かすために

× 細かく指示して、手足として使う

○ 「ありがとう」と言って、自ら動いてもらう

シャキッ!

「承認欲求」を満たしてあげる

「ありがとう」は魔法の言葉

この章では、リモートワークで起こりうる家庭内のコミュニケーションの齟齬《そご》を避ける、〝気分良く〟シャキッと生活するためのちょっとしたコツを紹介していきます。

リモートワークの普及でこれまでの働き方のスタイルが変化したことで、家族との関係も変わった、という人も多いのではないでしょうか？

「家族と一緒にいる時間が増えたので、より親密になった」というケースであれば良い話かもしれませんが、その逆もあります。

「仕事に集中したいのに、やらなければいけない家事がある」

「子どもの面倒もみなければならない」

などなど、男女ともに負担が多くなりがちですよね。


「こんなときにパートナーがもっと手を貸してくれればいいのに」

そう思う人もたくさんいらっしゃるかと思います。自分の仕事にだけ専念する夫にイライラしたり、仕事のストレスで不満を言う妻にイライラしたり……。

ここでも自分の〝感情〟に振り回されるのではなく、マネジメントのスキルを活用することで、家族にも「家で仕事をする自分」に協力してもらうようにしましょう。


そのためのポイントは「相手の承認欲求を満たしてあげる」ことです。

承認欲求とは文字通り「相手に認めてもらいたい」という思いのこと。

相手の存在を認める、何かやってくれたことを認める……そうやって信頼関係を築けば、相手はあなたの要望に応えてくれます。

相手の承認欲求を満たすために、まずやっていただきたいのが、「相手にお礼を言う」ということ。

何も道徳的なお話をしているわけではありません。

クールな言い方になりますが、これはあくまでも「人に動いてもらう」ための方策です。

「手伝ってくれてありがとう」「助かったわー」と、相手の行動を〝認める〟わけですね。

ポイントは、「心の中で感謝するだけではなく、声に出して相手に伝える」ということ。身内だからといって「そんなこと言わなくてもわかるはず」はタブーです。

相手に対するあなたのお礼の一言が、相手の承認欲求を満たし、達成感・自己効力感を高め、さらに行動を促し、継続させるわけです。

行動が継続すれば、それは〝習慣〟となります。

だから、家の中に「与えられた（家事の）役割をこなす」「相手が大変なときには協力する」という習慣を根付かせたいのなら、**まず「お礼を言う」ことをあなたの習慣にしましょう。**

「手伝うのは当たり前だから、言わない」「あえて口に出す必要はないから、言わない」はやめて、「ありがとう」「助かったよ」「ほんと助かりました！」といったお礼の言葉を声に出して伝えましょう。

これがPoint!

相手の達成感・自己効力感を高めることで、望ましい行動を習慣化できる

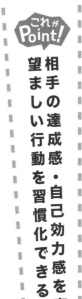

2

朝から気分良く過ごすために

× 「挨拶しなさい」と家族に促す

○ 相手の目を見て、名前を呼んで挨拶する

シャキッ!

「正しい挨拶」をして、承認欲求を満たそう

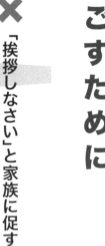

正しい挨拶をしよう

・相手の目を見る
・相手の名前を呼ぶ
・口角を上げて笑顔になる
・相手に伝わる声で声をかける
挨拶する
○○さんおはよう！
おはよう！

「おはよう」「行ってきます」「ただいま」「おやすみ」など、あなたの家は「挨拶」の習慣がありますか？

挨拶は、相手の〝存在〟を認める……つまり、相手の承認欲求を満たすための方法でもあるんです。もちろん、挨拶されたあなたも、承認欲求が満たされ、気分よく仕事ができるでしょう。

家の中での挨拶はぜひ習慣にしてみましょう。

ビジネスでも、私が企業研修でリーダー・マネジャーの方々に必ずお話しするのは、「毎日、メンバーの方への挨拶を忘れないでください」ということです。

「今さら挨拶の指導？」

「しかもメンバーに挨拶？　逆だろう？」

なんて、最初は怪訝な顔をされることもありますが、実は、リーダー・マネジャーがメンバーに正しく挨拶していない、つまりメンバーの承認欲求に応えていない場合がよくあるのです。


最初から「メンバーには挨拶をしない」というのは論外ですが、メンバーから「おはようございます」と声をかけられても「おう」だとか「うん」としか答えないとか、相手のほうを見ずに「ああ、おはよう」だとか……。

そんな中途半端な挨拶では、相手は「存在を認められた」という気にはなってくれません。

・相手の目を見る

・相手の名前を呼ぶ
・口角を上げて笑顔になる
・相手に伝わる声で声をかける

これが行動科学マネジメントでいう、「正しい挨拶」というものです。

別に難しいことではありませんよね。

大きなポイントは、「相手の目を見ること」と「名前を呼ぶこと」。「おはよう」だけでなく、相手の目を見て「○○さん、おはよう」という感じです。

これは人間の心理に基づいたマネジメント手法ですから、もちろん家庭内でも同じです。

家族同士の挨拶、あなたは相手の目を見てしていますか?

子どもに対して「おはよう○○」と、夫婦関係でも「お父さん(お母さん)おはよう」と、相手のことを呼んでいますか?

最初は気恥ずかしいかもしれませんが、ぜひ実践してみてください。

これがPoint!

行動科学マネジメントでいう、正しい挨拶の仕方を知り実行しよう

3

意見が衝突したときは

× 相手の話を遮って、自分の意見を言う

○ 相手の話を聞いてから、自分の意見を言う

シャキッ!

「傾聴」という
マネジメントスキルのひとつ

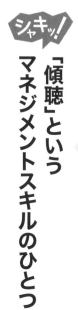

意見を言うのは、聞いてから

俺の意見、
先に聞いて！
先に君の意見を
聞きたいな
傾聴

たとえば家事のやり方や分担、子どもの世話について、仕事スペースの割り振りや、それこそ夕飯の献立を何にするかなどなど……。

リモートワークで共稼ぎの夫婦が2人とも在宅勤務になったことで、意見の衝突からケンカになってしまうことも増えるかも。

余計な争いごとに時間を取られることなく効率的ないい仕事をするためにも、もちろん家庭内の平和を保つためにも、なるべく家族間での意見の衝突は避けたいものですよね。

そのために、ぜひお勧めしたいのが……。

「相手（家族）と意見が衝突した際には、**まず『相手の意見』を聞いてから『自分の意見』を言う**」ということ。

これは「傾聴」というマネジメントスキルのひとつです。

われ先にと自分の意見を押し通そうとして話し続けるのではなく、まず意見を聞く側に立って、**「この人は自分の話を聞いてくれる」という、相手の承認欲求が満たされて、信頼関係が築かれるので話をしやすくなります。**

ここで、ときには相づちを打ったりうなずいたりするといったジェスチャーも交えれば、相手の承認欲求はさらに満たされるでしょう。

もちろん、「意見を聞く」ということと「意見を受け入れる」ことは別問題。こちらの意見を言わずに何でもかんでも相手の言う通りにすべきだ、ということではありません。

でも、相手の話を聞いてあげて、信頼関係を築いたうえでの違った意見のぶつけ合いは、揉めごとではなく、建設的な話し合い、意見交換になります。そうした良い習慣、争いのない家庭環境を、**「まず相手の話を聞く」という方法で、あなたから〝意図的〟につくり出してみましょう。**

「聞く」「話す」の順番を間違えない。
決して難しいことではありませんよね。

これがPoint!

「聞く」↓「話す」の順番なら、家庭でのいざこざは激減する！

4

喧嘩を激減させる方法

× 言い方に気をつける

○ たまには、相手の意見を受け入れる

シャキッ!

「受容」によって、賢く〝ガス抜き〟できる

「家庭内での衝突を避けるために『相手の意見』を聞いてから『自分の意見』を言う」というスキル。これとセットのようになっているものに、「受容」というスキルがあります。

これは「相手の意見を尊重して、優先させる」というもの。

「えー、そんなのヤだよ！」と思うって？

そう、傾聴は言ってみれば〝話をする順番〟に関するもので、自分はまず相手の話を聞くだけ。だからまったく難しいことはありません。

でも、この「受容」の場合は、文字通り相手の意見を受け入れなければならないのですから、当然、抵抗もありますよね。

でも、**これを〝たまにやる〟ことで、家庭内での衝突がグンと減るんです。**

それは、意見を受け入れることが、相手にとって〝承認が満たされる〟ことになるから。

たとえば夫婦間を考えてみても、夫には夫なりの「家庭生活に対しての不満、我慢していること」が少なからずあるはずです。奥さんにとってもそれは同様。

「自分は我慢しているのに、相手はわかっていない」と、お互いに思ってしまうわけですね。

子育て、ビジネス、毎日のちょっとした生活態度……パートナーが理解してくれない苦労って、いろんな場面で存在するものです。

もちろん、それをコミュニケーションによって解決するのが最良の方法なのでしょうが、それ以前に、**ちょっとした相手の意見を受け入れることで、相手のストレスを緩和してあげられる、ということを知っておいていただきたいのです。**

観たいテレビ番組がぶつかったときは、相手に譲る。

役割分担した家事を相手がやりたくなさそうな日は、交代してあげる。

こんなふうに日常のちょっとしたことでもいいので、たまには「受容」してみてください。

これがPoint!

たまには、相手のちょっとした願いを聞いてあげる

5 「すれ違い」をなくす頼み方とは

×「部屋をきれいにしておいてね」

○「散らかした物を元の置き場所に戻して、掃除機をかけておいてね」

シャキッ!

曖昧な表現を避けると、相手も行動しやすい

「夫に家事をお願いしても、思った通りにやってくれない」
「自分でやったほうが早くて納得がいくし、いちいちモメなくて済むよね」
なんてこと、ありませんか？

たとえば相手に、掃除機をかけてほしくて「部屋をきれいにしておいて」と頼んだとします。

頼まれた側としては、散らかったモノを元の場所に戻しておくことが「部屋をきれいにすること」だと思い、それなりに片付けたとします。でも、これでは頼んだ側としては「違う！　そんなんじゃダメなの！」となりますよね。

言葉にしなくてもわかるという〝暗黙知〟が、お互いに異なるわけです。

すれ違いを防ぐためにも、「部屋をきれいにしておいて」ではなく、「散らかったものを元に戻して、その後、掃除機をかけておいてね」と、**ここまで具体的な依頼をするのがベストです。**

物事を具体的に伝える、というひと工夫で相手が動いてくれるなら、こんなにいいことはありませんよね。

これがPoint!

暗黙知は異なるもの。頼むときは、できるだけ具体的に伝える

6
あれこれ頼む手間を省くために

✕ ざっくり指示して、やってもらう

○ やるべき作業を書き出し、行動をリスト化する

シャキッ！

リスト化することで、再現性が生まれる

行動をリスト化する

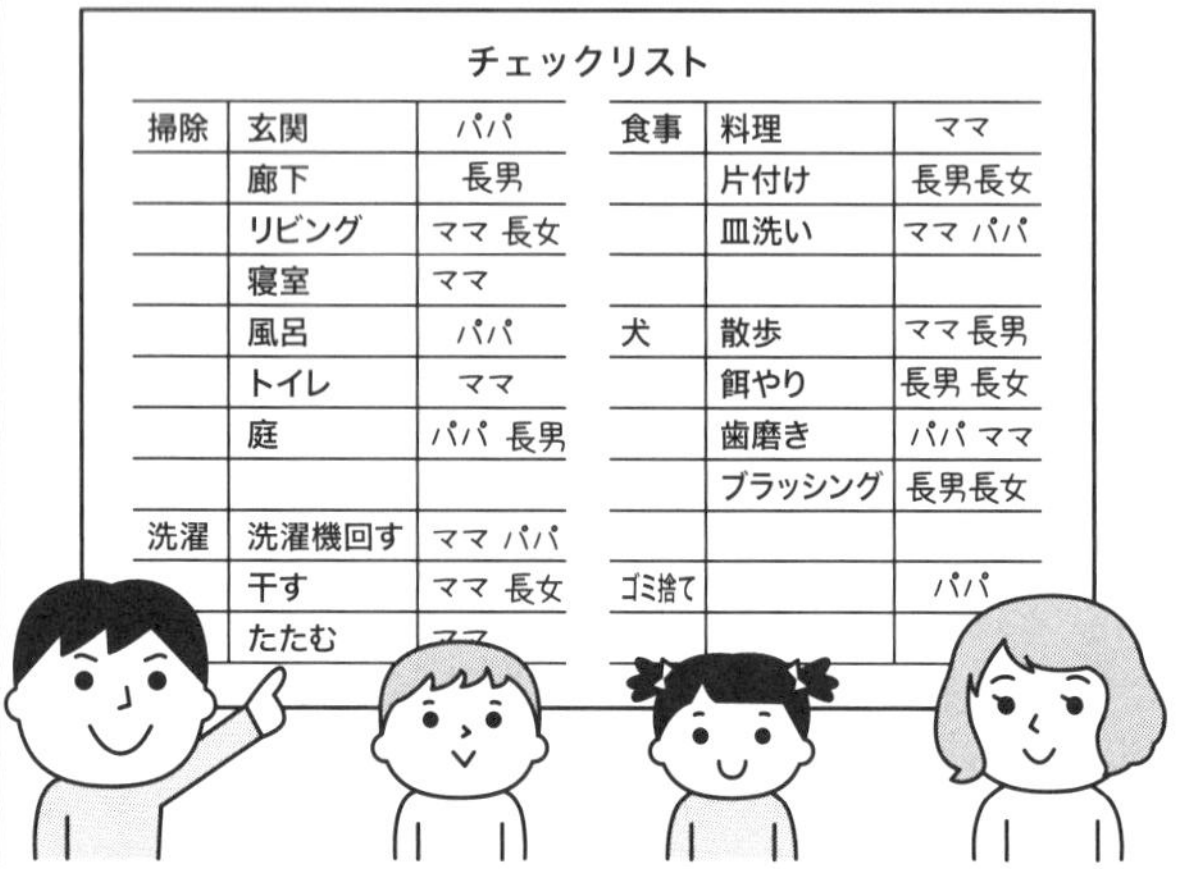

「ものを頼むときには、具体的な言葉で」というお話をしましたが、その都度あれこれ細かく指示するのは疲れるな……と感じる人もいるでしょう。

そこで……、

- **あらためて家庭内での仕事を洗い出して**
- **仕事の内容を細分化（どんな行動が必要なのか？）して**
- **簡単な「チェックリスト」を作る**

という〝家庭内ミーティング〟の機会を設けることもお勧めします。

お手伝いのできる年齢の子どもがいるならば、子どもにも参加してもらって、役割分担をしましょう。

ちなみにこうした取り組みをあなたが率先してはじめたとしても、〝指示・命令を下す〟といった上司的な態度はやめましょう。

あくまでも、**家族というチームみんなで決めたことを管理する、という立場でいるべきです。**

たとえば洗い出した仕事の中に「洗面台の鏡を拭く」というものがあったとしたら、**その作業もさらに細分化して、チェックリストを作成します。**

□「①毎週日曜の夜に」
□「②棚に入っているぞうきんを使って一度から拭き」
□「③ガラスクリーナーをかけて、ぞうきんで拭き取る」

といった感じです。
ビジネス同様、チェックリストを作ることで、仕事に具体性が生まれ、再現性（誰でも同じようにできる）が生まれます。これはお勧めですよ。

これがPoint!

お手伝いを効率化して、家族で分担する

7 家族を戦力に変える方法

×　家事のやり方を見せながら、教え込む

○　家事を細分化し、うまくできない行動を練習させる

シャキッ！　「細分化」により、技術を習得しやすくなる

「相手になにかを依頼するときは具体的にする」というお話をしましたが、ここではさらに、**相手に家事の「やり方」を教える際のコツについて触れたいと思います。**

ポイントは「細分化」。

「まずあれをやって」「次にこれをやって」「その次にはこうして」といったように、家の中の仕事一つひとつをより細かく分解すれば、家事のヘタな夫や、あるいは小さな子どもでも家事に参加することができ、自分のことを自分でできるようになります。

行動を細分化するのは、人にものを教える、技術を身につけさせる際に使う、行動科学マネジメントの基本的なノウハウです。

たとえば子どもに「牛乳入れて」と頼んでも、自分で牛乳をコップに入れたことのない小さな子どもには、当然無理でしょう。

そんな子どもたちに牛乳を入れてもらうには……。

・利き手で牛乳パックをつかむ
・利き手の反対の手でコップをつかむ
・牛乳パックを斜め上30度に傾ける
・コップの7分目まで牛乳を注ぐ
・牛乳パックのふたを閉じて冷蔵庫にしまう

といったように、行動を細かく分けて伝えます。

そのなかで「ここで引っかかる」という行動があれば、それを反復練習することで、「牛乳を入れる」という技術を習得するわけです。

朝のゴミ出し、まず何をやる？　次にどうする？

部屋の片付けは、まず何から手をつける？

相手に「正しいやり方」を教えて家事の協同パートナーにしたいならば、あえて〝いちいち〟細かく行動を伝えるのがコツです。

8

子どもがお手伝いしたくなるように

× ごほうびにモノをあげる

○ ごほうびとして、カレンダーに花丸をつける

シャキッ！

花丸印が、行動の後押しになる

花丸もごほうびになる！

細分化された作業をこなしていき、徐々に新たな家事を覚えていくことは、子どもにとってのみならず、たとえば〝家事未経験〟という相手にとっても、まさに「スモールゴールの達成」を繰り返していくということです。

「スモールゴール」を達成することで得られるものといえば？

そう、「達成感」と「自己効力感」ですね。

この二つを得ることによって、人は行動を強化されます。

そして、行動をさらに続けていき、習慣にするためには、2章でお話ししたように、行動の〝ごほうび〟もあるといいでしょう。

ごほうびといっても、モノをあげるということまでしなくてもＯＫです。「わー、よくできたね！」「助かったー！」「すごくきれいになったじゃない」「ありがとー！」といった、**称賛や感謝の言葉が、何よりのごほうびになります。**

さらに、達成感、自己効力感、称賛、感謝などを「見える化」するという方法もあります。やり方はとても簡単。**お手伝いをした日には、部屋のカレンダーに花丸印をつけるのです。**増えていく花丸印を見るたびに、相手はより行動を後押しされ、やがては行動の積み重ねが「習慣」となります。ぜひ試してみてください。

これがPoint!

「達成感」と「自己効力感」を高めるためにも、相手をほめ、カレンダーに花丸を！

9

相手が「喜んで」動いてくれるのは

× ほめておだてて、やってもらう

○ 「助けてほしい」という思いを言葉にする

シャキッ！

「貢献作用」を活用する！

家庭内で家族に何か作業を頼む際に、やってはいけないこと……。

「具体性のない、曖昧な言い方」はもちろんそうですが、ついついやってしまうのが「上から目線」での指示・命令です。

相手に家事をしてもらうのは「共に協力してくれている」と捉え、積極的に言葉にしましょう。

すると相手も、気持ち良く、率先して動いてくれるようになります。

これは**行動科学的には「貢献作用」といって、「人に貢献していると感じることで行動が後押しされる」という作用があるものです。**

「ねえ、これ、やってよ」ではなくて**「ちょっと助けてほしいんだけど」**。

「私にやらせないでよ」ではなくて**「私にはできないから、お願い！」**。


自分の行動は相手を助けることになっている、相手に感謝される行動をしているという気持ち……これも行動の大きな動機付けとなるわけです。
「助けてほしい。私はあなたの力を必要としています」
その思いを言葉にして、相手にどんどん伝えましょう。

これがPoint!

「誰かの役に立ちたい」という
貢献欲求を上手に活用する

10

自分にダメ出ししていたら

× 明日こそ！　ちゃんとやるために頑張る

○ 簡単に取り組めそうな家事から始める

シャキッ！

小さな取り組みの継続が自信になる！

小さなことを続けてみる

「頑張りすぎない」ためには、自分自身の行動のハードルを低くする必要があります。行動を細分化して、小さな取り組みでいいから続ける。

まずはそうして達成感や自己効力感を得ることが大事です。

最も良くないのは、自分を否定してしまうこと。

「ああ、今日も部屋が散らかりっぱなし」
「ああ、今日も簡単な夕食にしちゃった」
「自分はなんて至らない人間だ」

と罪悪感に浸っていては仕事にも集中できませんよね。**そんなときは、何でも**

いいので「続けていること」をつくって、自分自身を認めてあげましょう。

たとえば私の場合、「窓を開けて換気して四隅を拭く」という行動をルーティーンワーク化しています。

でもこれが「毎朝、家中の四隅の掃除をする」だと時間がかかり、到底無理。やることは果てしなくありますからね。窓の四隅を拭くだけならば、1分程度で終わります。「ちゃんと窓を拭いている」……このルーティーンを持っていることが自信となり、「仕事ばかりで家事がおろそか。こんなんじゃ、ダメだー！」という思いを和らげ、気持ちのバランスを取ってくれるんです。

何かひとつでも、ほんの些細なことでも、ルーティーン化できる家事を見つけましょう。

「ちゃんと毎日、続けていることがある」……仕事で忙しい中、それは素晴らしいことです。自分を「ダメな人間」だなんて思わないでくださいね。

これが
Point!

完璧にやろうとせず、
すぐできる簡単な家事を見つけてやってみる

11

パートナーに対してイライラが募ったら

× 感情をぶつけて、相手の行動を変えようとする

○ 初心を思い出して、一時的に感情をリセットする

シャキッ！

「原点回帰」という有効なスキルの一つ

共働き夫婦がお互いリモートワークとなり、同じ屋根の下でそれぞれが在宅勤務。

四六時中、一緒にいなければならない……。

そうなると、お互いの〝粗〟だって見えてくることでしょう。

ちょっとした態度や家事のやり方に対して不満を感じてイライラすることだってあるはずです。

自分のイライラを相手にぶつけて、相手もイライラ。そうなると自宅は「落ち着いて仕事ができる場所」でも「くつろげる場所」でもなくなりますよね。

相手にイライラすることがあるのは、仕方がないこと。

だから、相手にイライラしたり不満を感じた際の「対処法」＝「スキル」を覚えておくべきです。

そのスキルとは、「原点回帰」というもの。

大きな目で見れば「なぜこの人と一緒にいたいと思ったんだろう」というところまで思い返します。そして、これまでに相手に助けてもらったこと、協力してもらってうれしかったこと、直近で見ればその日に相手のおかげで助かったことなどを考え、現状をリセットするのです。

この「原点回帰」は、ビジネスマネジメントにおいても使われるスキルです。

たとえば若手ビジネスパーソン対象の研修を行っていると、「この会社では報われないと思っています」という若手の方は、結構多いのです。

そんな人たちに対して、まずやってもらうのが、「原点回帰」です。

「自分はなぜこの会社に入ったのか？」という理由を書き出してもらい、今、自分がその会社にいる背景を思い返してもらいます。そうすることで、辞めたいという気持ちが一度リセットされます。

その上でさらに「今の環境でできること」を書いてもらうと、「もっと○○のことを勉強すれば、この会社でうまくいく」など、ポジティブな取り組みが具体的に上がってくるものです。

家庭内でも、不満を感じたら、まず「リセット」。

自分が〝この環境（家庭）〟を築こうとした原点……それはポジティブな思いであったはずですよね。

これがPoint!

その都度、原点回帰して、具体的な行動に焦点を当てることで気持ちを取り戻す

5
章

チームが活気づく!

コミュニケーションの取り方

1

コミュニケーションを円滑にするには

× 気づいたときに声をかける

○ 「声かけの量」を意識的に増やす

シャキッ!

「ザイアンスの法則」により、親近感がわく

いろいろな企業で研修をしていると、「社内コミュニケーション」に悩んでいる人がとても多いことを実感します。特に、メンバーとのコミュニケーションに悩むリーダー層。いうまでもなく、リーダー、マネジャーにとって、メンバーとコミュニケーションを取ることは非常に大事な仕事です。

ここでいうコミュニケーションとは、メンバーと仲良くすることだとか、メンバーから好かれようとすることではありません。

・相手の業務の進捗を把握して、的確な指示やアドバイスができるようにする
・「何でも話せる」という信頼関係を築く

これらのための取り組みが、リーダー、マネジャーの最大の目的である「メンバーに成果を挙げてもらう」ために必要なコミュニケーションです。

これまで行動科学マネジメントでは、メンバーとのコミュニケーションでも最も重要声かけを意識的に増やす！

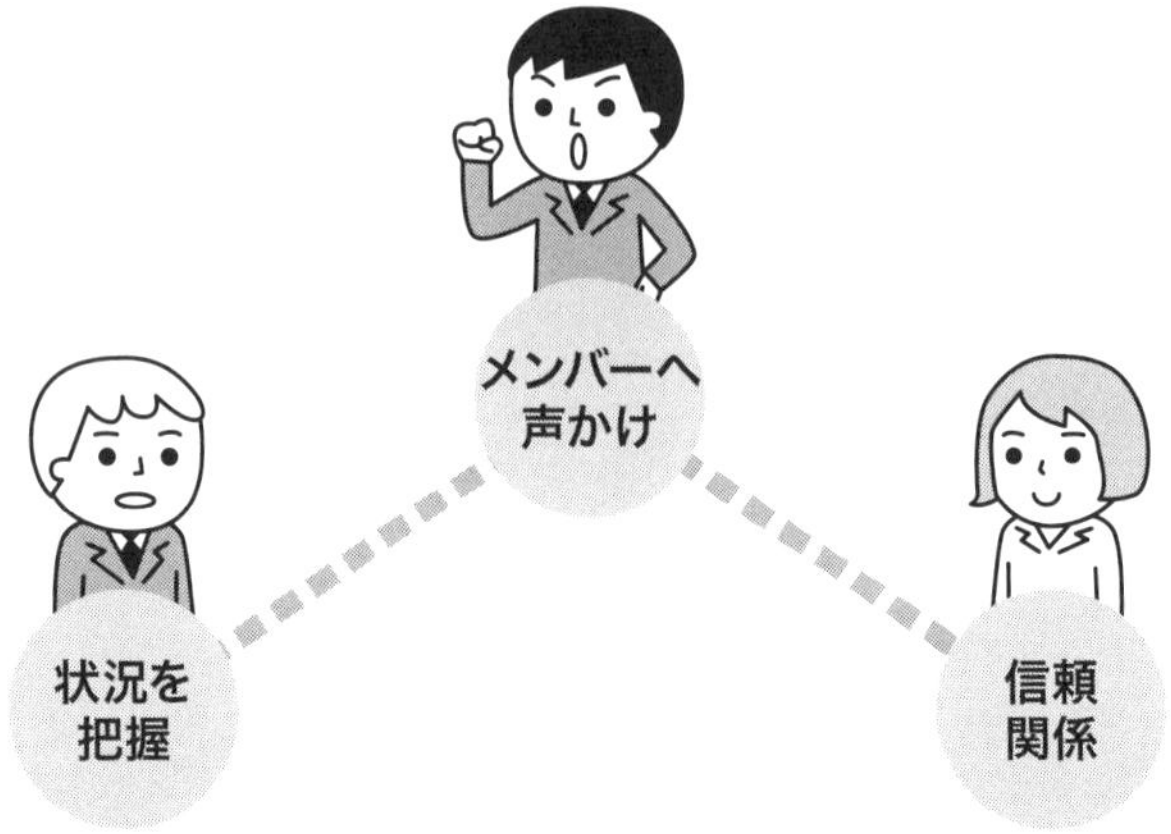

な行動として、「メンバーへの声かけ」を提唱してきました。

「職場ではよく声をかけているから大丈夫！」

なんて自信のあるリーダー、マネジャーに対しても、1日にどれだけの回数で声をかけているか？　相手の名前を呼んでいるか？　といったことを計測・定量化してもらいます。

すると案外、メンバーに声をかける回数が少なかったということもよくあるのです。

親しいメンバーとはよく話すけれど、苦手なメンバーにはあまり声をかけることはしない……なんてことも。

心理学者ロバート・ザイアンスの**「ザイアンスの法則」**によれば、「人は面識のない相手に対しては攻撃的になるけれど、接触回数が多ければ多いほど、相手に対して親近感を覚える」「相手の人間的な部分を見ると、好意を持つ」といいます。

できる営業パーソンが足繁く顧客を訪問したり、自分のプライベートの話をするのも、こうした人間の行動心理を利用した手法なわけですね。

メンバーへのマネジメントも、やはり接触回数が要となります。

接触といっても、何もわざわざお酒の席に誘ったりしなければならないわけではありません。職場内やオンライン会議で名前を呼んで声をかける。これを続けるだけでいいのです。

「職場だったら、ちょっとした声かけもできるけど、リモートワークでメンバーと〝直接〟会わない働き方の場合は？」

そう思うかもしれませんね。でも、人間の心理、行動原理は、直接であろうとリモートであろうと、変わることはありません。違うのはシチュエーションだけ。やることは同じです。

「リモートワークでのマネジメントも、大切なのはメンバーとのコミュニケーションの数」まずはこのことを念頭に置いてくださいね。

これがPoint!

リアルでもリモートでも必要なのはコミュニケーションの数！

2 効果的な朝礼のやり方は

× 時間をとって、詳しく話を聞く

○ 相手の名前を呼ぶ

シャキッ！

相手の「承認欲求」を満たせる

リアルな環境でもリモートワークでもマネジメントの基本は同じです。

コミュニケーションで大切なのは声かけの回数。

……とはいっても、リモートワークでは職場で直接会うときとは違い、なかなか気軽には声をかけられない、というのも事実ですよね。

「そういえばあの件だけどさ……」なんて、何か思いついたときに職場ではすぐにできる情報交換も、わざわざ「連絡する」という手間もかかるわけです。

相手（メンバー）にとってもリーダー、マネジャーである自分にとっても、それは煩わしいものでしょう。

そこで、「声かけ、情報交換は1日の業務のルール」＝「決まりゴト」として、決まった時間に必ず行うようにします。

まず基本として行っていただきたいのが、毎朝の朝礼。

こちらはすでに行っている会社も多いのでは？

行動科学マネジメントでお勧めする朝礼は、次のような内容のものです。

・リーダー、マネジャーがその週（あるいはその月）のチーム全体の目標を言う

・次に、チームメンバーであるメンバー一人ひとりに、約1分間でその日のTODOを発表してもらう

基本的には、これだけ。**時間にすれば、5分以内。**5分以上かかる朝礼は途中でだらけてしまいます。人数が多い場合はグループ分けして、それぞれのグループごとに5分以内におさめるようにしましょう。

メンバーにとっても朝礼というルーティーンが仕事時間開始のスイッチになりますし、リーダー、マネジャーにとっても、たった5分程度で毎日必ずメンバーと話すことができる、コミュニケーションが取れます。

朝礼の際に気をつけたいのは、「相手の名前を呼ぶ」ということ。

順番に「はい、次の人？」なんて進行はNGです。こちらから必ず「〇〇さんお願いします」というようにしましょう。

「名前を呼ぶ」……これは4章でも触れたように、相手の承認欲求を満たす非常に簡単な手段なんです。

リモートワークで一人で仕事をしているメンバー……多くの場合、承認欲求も高くなっていることでしょう。

「自分がこれから仕事をする。今日も1日、頑張る！」

それを〝認めて〟あげるのもリーダー、マネジャーの仕事です。


これがPoint!

毎朝5分の朝礼は、やり方次第で、メンバーのやる気を大いに引き出せる

3

直接会って話すレベルの信頼関係を築くために

× 連絡を密に取り、メンバーの状況を把握する

○ リモートでも、「1日に1回」は顔を見て話す

シャキッ!

「相手の顔が見える」ツールを賢く使う

リモートワークにおけるメンバーとのコミュニケーションのために、朝礼に加えてさらにやっていただきたいことがあります。

それは「電話やチャットで済む内容でもなるべく顔を見る」ということ。できれば1日に1回はやっていただきたいですね。

これも決して難しいことではありません。スマートフォンの顔が見える通話機能（FaceTimeなど）を利用すれば、わざわざオンライン会議に招集する、といったこともありません。

話の内容も電話やチャットで済むことかもしれない。でも、そこであえて「相手の顔を見る」「相手に顔を見せる」ということで、よりパーソナルなコミュニケーションになるのです。

「やっぱり（メンバーと）直接会って話さないと、なんかしっくりこないような……リモートだと伝えたいことも伝わらないかな」

企業研修でよくリーダー、マネジャー職から出る言葉です。でも、それは単純にまだリモートワークに慣れていないから、というだけのことが多いものです。

「直接会うのは深いコミュニケーション」「オンライン上は浅いコミュニケーション」と決めつけるのでなく、**リモート、オンラインでもメンバーを承認し、進捗状況を把握し、信頼関係を築くことはできるんだ、ということを知りましょう。**

そして、リーダー、マネジャーは、リモートの環境をもっとポジティブに捉えるべきだと思います。それは「出社の必要がないから、ラク」ということだけではありません。

たとえば、これまでは電話やメールでしかやりとりしていなかった地方の仕事相手とも、リモートワークの普及、さまざまなツールの普及によって、オンライン上で顔を見て話すことがスタンダードにできるわけです。

あなたも「相手の顔が見える」ツールは、どんどん使いこなしましょう！

これがPoint!

1日1回以上は相手と1対1で話そう

4

ホウレンソウを徹底させるために

× 重要なホウレンソウにのみ返事をする

○ 常にホウレンソウには返事をする

シャキッ!

きちんと反応しよう!

ホウレンソウにはしっかり返事をする

メンバーが報告してきたら放置しない

「メンバーの行動に感謝して、お礼やねぎらいの言葉をかけましょう」

「メンバーからの報告には、返信を忘れないようにしましょう」

……それが「リモートワークでのマネジメントのポイントです」なんて言ったら、あなたはどう思いますか？

「今さらそんな当たり前のこと？」

「っていうか、それってリモートワークと関係あるの？」

と思うかもしれませんね。

でも、この当たり前のことが、リモートワークになると、ついおろそかになってしまう、というリーダー、マネジャーが結構多いのです。

先の言葉は、私が実際に研修でもお話ししていることです。「お礼を言っていますか？」「返信していますか？」と聞くと、何だかギクっとしている人も見受けられます。

「ありがとう」「とても助かりました」「引き続きよろしくお願いします！」……職場ではそんなちょっとした言葉でお礼を伝えていたのが、リモートでは「指示→実行」の一方通行になってばかり。

また、メールなどでのメンバーからの報告・連絡・相談、いわゆる〝ホウレンソウ〟も、確認して終了。

その結果「メンバーからの報告が少なくなってきて困る」というのですが、それは当然ですよね。相手に対して反応していないのですから。

「報告した」→「反応なし」

これでは相手の「報告」という行動は、行動のレパートリーから〝消去〟されてしまうのです。
重要な〝マネジメントの手法〟のひとつとして、相手へのお礼と反応を徹底してほしいです。

これがPoint!

リモートでも、普段の「当たり前」を忘れずに言葉で声かけをしよう

5

チーム力を高めるために

× メンバーに仕事を全力でこなしてもらう

○ 進捗を見える化し、メンバーの役割を明確にする

シャキッ！

仕事を抱え込むメンバーを減らせる

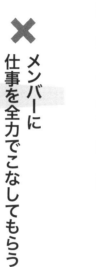

同じ職場で働いているなかで、自然と役割分担ができてくることって、ありませんか？
たとえば、Aさんが慌ててプレゼンの資料を作っていると、「じゃ私は」といってBさんが資料作りに必要な材料を集めてくる。それを見ていたCさんは、資料づくりは2人に任せて、プレゼン会場の準備を進める……。

チームでひとつの仕事をする際に、臨機応変に手分けして作業をする、というのは、ビジネスにおいてはよくあるケースです。

ただしそれは、同じ職場で各々のメンバーがお互いの仕事を〝見ている〟からこそできるもの。他のメンバーが何をしているか、何でつまずいているか、どんな業務を抱えているかという現在進行形が見えにくいリモートワークでは、どうしても「今、自分が何をやればチーム全体の仕事がスムーズに進むか」がわかりづらくなります。

そこで、リーダー、マネジャーの出番です。**各メンバーの進捗状況は共通のフォーマットのスケジュールで、誰もが閲覧できるようにする。毎日の朝礼でのそれぞれのTODO報告を欠かさない。**

ここでのポイントは進捗状況を書き込むフォーマットは共通のものを使うこと。

たとえば、Dropbox、Excel シート、Google ドライブ、OneDrive など、チームに共通のフォーマットを用意して、メンバーは全員、報告、連絡、相談はそこに記載してもらうようにします。

仕事の役割分担は、最初から明確にすることが大切です。

Aさんはこの業務を、Bさんはこの業務を、Cさんはこの業務を、と、それぞれの業務を従来よりもより明確にし、進捗状況に応じて適宜ヘルプをさせるようにします。

業務の指示は、具体的に。そして前述のように、報告に対する反応も確実に。

リーダー、マネジャーはみんなの司令塔になるつもりで。

腕の見せどころですよ！

これがPoint!

進捗は共通のフォーマットに記載してもらい、メンバーの役割分担をより明確にする

6

ハラスメントにならない注意の仕方は

× 当たり障りない言い方で注意する

○「何をどうすればいいのか」を個別に伝える

シャキッ！

言語化能力を磨き、適切に伝えよう

リモートでもリアルでも、リーダー、マネジャーの「メンバーの誤った行動を指摘し、あらためてもらう」という役目は変わることはありません。

しかし今は〝ハラスメント〟の問題がクローズアップされている時代。

リーダー、マネジャーの声としてよく聞くのが「人事（部）から、ハラスメントではないかと言われるのが怖いから、あまり注意したくない」というものです。

「仕事上の注意でも『ハラスメントだ！』なんて言われたらかなわないですからね」

もう〝触らぬ神に祟り無し〟の状態なんですね。これではマネジメントは成り立ちません。

メンバーに注意を与える際に気をつけるべきは、以下の4点です。

・イライラや憤りといった〝感情〟は省く
・メンバーのどの行動を直すべきなのか、具体的に伝える
・代わりにどんな行動を取ればいいのか、あいまいにではなく、明確に伝える

・（間違った行動について）どこを改善してほしいのかを、相手に対して依頼する

この4点を守れば、リーダー、マネジャーの言葉は頭ごなしの命令にもならず、**メンバーにとって「助言」となります。**

感情のままに注意をすると、どうしても言葉があいまいなものになりがちです。

「こんなんじゃ、ダメだろ？」「前にも言ったでしょう！」「何回言えばわかるのかな」「もっと自分で考えてほしい」「もういい加減にしてよ〜」などなど。

……言葉に具体性がなく、相手は「何を、どうすればいいか？」もわかりません。

行動科学マネジメントでは、リーダー、マネジャーに最も必要な能力は「言語化能力」だとされています。

言語化能力とはつまり、言わずもがなの暗黙知であっても、具体的な行動として表現できる力です。「あいまいな言葉」は、使わないようにしましょう。

そして、メンバーを注意する際にもうひとつ大事なことが。
それは「個別に注意する」ということ。
多人数の前で注意するのは、相手にとっては立場をなくすことになります。リーダー、マネジャーに対する信頼もなくしてしまうことでしょう。リアルでもオンラインでも、人間の行動原理は同じ、です。

これがPoint!

相手の「直したほうがいい部分」は個別に指導する

7

やる気につながる業務報告のやりとりは

× メンバーに報告書をメールで送らせる

○ メンバーの報告に返事をして、適度にねぎらう

シャキッ!

「ねぎらいの言葉」で、承認欲求を満たす

リモートワークでも、業務終了時に全体での「終礼（夕礼）」の時間を設けて、メンバーにその日の進捗を報告してもらう……というルールを設けている会社も多いことでしょう。

この取り組み、決して悪いことではないのですが、メンバーにとっても、リーダー、マネジャーにとっても、少々負担になっているかも。

オンラインだと……わざわざソフトを立ち上げて、たとえばZoomであればURLを発行して……。慣れてしまえばなんてことのない手間ですが、慣れるまではちょっと面倒なことです。

そこで、**業務終了時の進捗報告は、チャットなどのごく簡単な機能で済ませることがお勧めです。**

ポイントは、報告には必ず「反応」してあげること！

反応することは、相手の1日の行動を〝承認〟してあげるということ。承認欲求が満たされれば、また明日の行動にはずみがつくわけですね。
また、「お疲れさまでした」「明日もよろしくお願いします」など、ねぎらいの言葉も添えるようにしましょう。

これがPoint!

業務終了時にはしっかりと相手を「承認」してあげよう

8

情報交換するために

× 好きなときに、メンバー間で連絡を取り合う

○ 週に1回、チームミーティングを開く

シャキッ！

意識的に、関係構築の場をつくろう

週1回は、ミーティングを！

メンバー間でコミュニケーションを取ると、士気が上がる

職場であれば、リーダー、マネジャーの思いつきで「みんな、ちょっといいかな」なんて、そこにいるメンバーを緊急で招集することもできました。

やはりリモートワークでは、「みんなで集まる」ことは、気軽にはできません。

そこで、「チームのメンバー全員が集まって情報交換をする場」を、リーダー、マネジャーがあえて設定しましょう。

頻度としては週1回。時間は15分程度でかまいません。たとえば「毎週木曜日の16時45分～17時は、フリーの意見交換の時間」というように、ルール化してしまうのです。

一人、自宅で仕事をしているだけでは、どうしても行き詰まったり、一人で考え込んだりする場面が出てくるもの。

週1回のフリーミーティングは、メンバーの気分転換の場にもなりますし、お互い顔を合わせる関係構築の場ともなります。働きやすい環境づくりとしてこうしたオンライン上の「場」「機会」を与えてあげることは、リモートワークにおけるリーダー、マネジャーの大事な役目です。

これがPoint!

15分程度のミーティングで、メンバーのモチベーションもアップする

9

メンバーが悩みを抱え込まないために

× メンバーに「困ったら相談して」と言っておく

○ チャットやメール上に、ヘルプ専用のグループをつくる

シャキッ!

チームで助け合う仕組みで、安心して力を発揮できる

周りに仕事仲間のいない一人きりのリモートワーク。仕事が行き詰まったときに、誰かに助けを求めるということも、なかなかしづらいでしょう。


「先輩に聞きたいことがあるんだけど、今は先輩も忙しいかもしれない」

「これ、○○さんに手伝ってもらえたら早いんだけど、今は無理かな」


お互いの現状が見えづらいため、人にものを頼みづらくなっているのです。

そして一人で抱え込んで、パンク……なんてことも！

これは、チームメンバーであるメンバー同士のみならず、上司であるリーダー、マネジャーにも同様の傾向がよく見られます。


そこでリーダー、マネジャーは「いつでも相談ＯＫ」な環境づくりを試みましょう。

もちろんリーダー、マネジャーにしてもメンバーにしても「いつでも連絡がきたら、すぐに対応する」なんてことはできないはず。

ですから、チャットやメール上に専用のグループをつくって、何か相談やヘルプの必要があればそこに書き込んでもらい、手の空いた人はそこを見る、というルールを決めるのです。

仕事中、困ったことが起きても誰にも相談できず、自宅で一人きりで仕事の手が止まり、1日中何も進まなかった……なんて例も聞きました。

相談やヘルプを要求できる環境、大事です。

これがPoint!

「いつでも連絡していいよ」という環境をつくろう！

あとがき

働く場所が、会社から自宅へと変わることで、働き方そのものを見直す時期にきています。

オンとオフのメリハリがつきにくくなり、ついだらけてしまう自分を目の当たりにしている、という方も少なくないでしょう。

そうした「人間の性！」を乗り越え、生産的に、でも仕事一本槍ではない充実した日々を送るためにも、リモートならではの心得や働き方、自己管理の方法や家庭内マネジメント等について、行動科学に基づいてわかりやすくご紹介してきました。

やると決めた物事を続け、習慣化するためには、達成感と自己効力感が必要です。

そのためには、スモールゴールを設定して〝少しずつ〟前に進むこと。

これが行動科学が教える、行動の基本です。

ぜひ、このことを念頭に置き、常に「自分に無理のある行動を強いていないか？」を考えてみましょう。

一メンバーとして、あるいはリーダー、マネジャーという立場の方々が、行動科学に基づいて適切に行動していくことで、リモート環境に慣れ、効率的に仕事をこなすことで、必ずや成果を生み出すことができます。

その結果、リーダー、マネジャーにとって最高の達成感・自己効力感を得ることができます。実際に、私はそんなリーダー、マネジャーを何人も見てきました。

リアルな環境でもリモートワークでも、人間の行動原理は同じです！

どうか気負わずに、一歩ずつ、前に進んでいきましょう。

応援しています！

二〇二一年四月

冨山真由

〈著者紹介〉

冨山真由（とみやま・まゆ）

行動習慣コンサルタントの第一人者。
一般社団法人行動科学マネジメント研究所コンサルタント。株式会社ウィルPMインターナショナル行動科学マネジメント上席インストラクター（公認チーフインストラクター）。行動習慣コンサルタント。行動定着コーチ。日本行動分析学会会員。

大学卒業後、医療機関を経て戦略コンサルティングファームに就職。外資系企業に出向し行動科学マネジメント研究所での学びを経て、行動科学マネジメント公認インストラクターとなる。企業研修は300社以上。受講者数は3万人以上。

日本全国、幅広い業種業態の企業で研修を行う。企業の一般職から管理職の方まで幅広い層を対象に、セルフマネジメント研修を行っている。受講した方々を行動変容に導く確かな手法に熱い注目が集まっている。

主な著書に『めんどくさがる自分を動かす技術』（永岡書店）、『定時で帰る女性の仕事ルールと時間術』（ナツメ社）、『効率・時間・スピード すごい習慣力』（三笠書房）などがあり、著作物は累計10万部を超えている。

http://mayu-tomiyama.com/

シャキッ！ つい怠ける自分を「科学的に」動かす方法

2021年5月2日　　第1刷発行

著　者――冨山真由

発行者――徳留慶太郎

発行所――株式会社すばる舎

東京都豊島区東池袋3-9-7 東池袋織本ビル　〒170-0013

TEL　03-3981-8651（代表）　03-3981-0767（営業部）

FAX　03-3981-8638

http://www.subarusya.jp/

印　刷――中央精版印刷株式会社

落丁・乱丁本はお取り替えいたします

ISBN978-4-7991-0965-6